DANIEL BÖCKING, geb. 1977, ist nach Stationen als BILD-Lokalreporter, Polizeireporter, Lokalchef und Redaktionsleiter nun Mitglied der BILD-Chefredaktion und Stellvertreter des Chefredakteurs bei BILD.de. Er lebt mit seiner Familie in Berlin.

Besuchen Sie uns auf www.penguin-verlag.de und Facebook.

Daniel Böcking

Ein bisschen Glauben gibt es nicht

Wie Gott mein Leben umkrempelt

PENGUIN VERLAG

Penguin Random House Verlagsgruppe FSC® N001967

5. Auflage
Copyright © 2016 by Gütersloher Verlagshaus, Gütersloh,
in der Penguin Random House Verlagsgruppe GmbH,
Neumarkter Straße 28, 81673 München
Umschlag: www.bürosüd.de
Umschlagmotiv: bürosüd nach einem Umschlagentwurf
von Gütersloher Verlagshaus
Druck und Bindung: GGP Media GmbH, Pößneck
Printed in Germany
ISBN 978-3-328-10278-6
www.penguin-verlag.de

 Dieses Buch ist auch als E-Book erhältlich.

Inhalt

Vorwort oder: Guter Gott!

Danke! Danke, dass du mein Leben auf den Kopf gestellt hast. Danke, dass du mir eine Glaubensfreude geschenkt hast, die mich rätseln lässt, wie ich 36 Jahre lang ohne diese innere Ruhe, diese Zuversicht und diese Wegweisung gut schlafen konnte. Danke für die Vollbremsung auf meinem Lebensweg und den anschließenden U-Turn zu dir. Und danke, dass ich heute ein Buch darüber schreiben darf. Herr, es gibt so viel, wofür ich dir dankbar bin, und es ist schön, dass ich auf den folgenden Seiten anderen Menschen davon erzählen darf, wie es dazu gekommen ist: wie aus mir – einem, der wie Millionen anderer Menschen in Deutschland zwar irgendwie an irgendetwas glaubte, aber eher so nebenher – ein glücklicher Vollzeit-Christ geworden ist.

Lange habe ich mich gefragt, was wohl angemessene, einleitende Worte sein könnten. Schreckt ein Dank-Gebet zu Beginn einen skeptischen Leser ab? Ist es vielleicht sogar lästerlich, eine Einleitung als Gebet zu tarnen? Wirkt das zu hymnenhaft und nimmt mir jede Glaubwürdigkeit? Ich habe zu dir, Gott, gebetet, um herauszuhören, wie ich starten könnte. Ja, ich belästige dich inzwischen auch mit solchen Kleinigkeiten – so präsent bist du in meinem Alltag geworden. Und so schreibe ich die ersten Worte gleichzeitig an dich und an den Leser. Eigentlich ein chaotischer Mischmasch aus Gebet und Buch-Einleitung. Aber ein Mischmasch, zu dem du mich geführt hast und der vielleicht zeigt, wie wunderbar, bunt und vielfältig mein Leben dank deiner Nähe geworden ist. Wie allgegenwärtig du für mich bist.

Wann immer ich mit Menschen rede, versuche ich auch, meine Leitung zu dir offen zu halten. Wann immer ich zu dir bete, versuche ich, die Auswirkungen auf meinen Alltag zu hören und zu beherzigen. Du existierst nicht nur in einer abgetrennten Welt: hier das Gebet und der Glaube, dort das wirkliche Leben. Nein. Ein Leben mit dir, ein Leben in der Nachfolge Jesu, ist eine krasse, radikale Entscheidung, weil du dich immer und überall einmischst. Weil du nicht einfach einen heiligen Zuckerguss über den Alltag gießt, sondern fordernd bist. Nichts passiert mehr ohne dich.

Einen Schlüsselmoment vor dieser Umkehr zu dir erlebte ich bei einem kleinen Lotto-Gedankenspiel. Als ich mal wieder über das Leben sinnierte, fragte ich mich selbst:

Was würde ich tun, wenn ich einen Sechser im Lotto hätte?

Die Antwort: Vermutlich erstmal richtig feiern! Und nach der Spontan-Euphorie würde ich voller Vorfreude losplanen: Was kann ich jetzt machen, wovon ich bislang nur geträumt habe? Mit wem teile ich was? Dieser Gewinn (zwei, drei Millionen Euro sollten's schon sein) würde meine Lebensplanung auf den Kopf stellen. Und zwar so richtig...

Als ich diese Analogie auf mein Verhältnis zu dir, Gott, anwendete, fiel bei mir der Groschen: Wegen eines Lotto-Gewinns wäre ich glücklich und begeistert bereit, mein Leben umzukrempeln. Für dich tat ich das bis dahin nicht. Dabei sind deine Geschenke viel, viel größer: Vergebung, Erlösung, innere Ruhe und Sinn. Von ewigem Leben ganz zu schweigen. Das alles kann ich mir mit Geld nicht kaufen. Zum Glück bekomme ich es von dir geschenkt.

Vor fünf Jahren habe ich angefangen, mich auf die Suche nach diesem Geschenk zu begeben. Vor zwei Jahren habe ich es dann wirklich angenommen. Davor? Hatte ich – wie so viele andere Menschen auch – eine Art Individual-Glauben. Auf mich persönlich zugeschnitten, so, dass er bloß nicht zu sehr in mein

Leben eingriff. Und wenn doch, dann mit klaren Regeln, die ich mir selbst ausgedacht hatte. Evangelisch getauft, als Kind hin und wieder ein Abendgebet gesprochen. Nebenher so ein bisschen gläubig. Kirche vielleicht mal am Heiligabend. Mein Glaubensbekenntnis passte auf einen Bierdeckel: »Gott ist Liebe«. Jesus fand ich auch sympathisch. Aber ob er nun dein Sohn ist oder einfach ein netter Typ, der viele gute Sachen gesagt hat, war für mich kaum relevant.

Das hat sich radikal geändert. Ich bin zu dir, Gott, umgekehrt. Und wie das Wort Umkehr schon sagt: Für mich – damals 36 Jahre alt, BILD-Journalist, ehrgeizig, partywütig – war es eine 180-Grad-Kehre mit sehr konkreten Veränderungen: im Job (kann man auch ganz ohne Ellbogen seinen Weg gehen?), in der Freizeit (wie viele durchfeierte Nächte in der Woche tun mir wirklich gut?), in der Familie (»Gehst du jetzt etwa in eine Sekte?« »Nein! Ich bin Christ!«).

Zwischen dem ersten Impuls »Hey, irgendetwas Wichtiges in deinem Leben hast du bislang vernachlässigt« und dem großen Schritt »Ab heute will ich mein Leben ganz und gar in deine Hand geben« lagen stolze dreieinhalb Jahre. Ganz offensichtlich bin ich nicht der schnellste, wenn es um lebensverändernde Entscheidungen geht. Eher so Typ Bausparer. Außerdem ging es mir bis dato ja auch ohne diese Kehrtwende ganz gut. Neben Job, Familie, Freunden und bierseligen Nächten war kaum Platz, alles in meinem Leben zu überprüfen, zu hinterfragen oder gar zu ändern. Keiner machte mir Druck. Du hattest es wohl nicht eilig mit mir. Oder warst geduldig. Oder ich war zu beschäftigt (und zu blöd), dir zuzuhören. Als ich endlich damit anfing und mich auf den Weg machte, erlebte ich es wie ein Wunder.

Lieber Gott, du weißt, wie unsicher ich noch in vielen Situationen bin. Wie eingeschüchtert, bei jeder Gelegenheit, die der

Alltag mir bietet, über dich und den Glauben an dich zu sprechen. Immer gibt es Menschen, die früher zum Glauben gefunden haben als ich, die die Bibel öfter gelesen haben und sich komischerweise problemlos Kapitel- und Versnummern merken können, die historische Fakten tiefer recherchiert haben. Viele sind treu in ihrem Glauben geblieben und haben sich bewährt, obwohl sie schlimmste Schicksalsschläge erlitten haben. Verfolgung, Folter – aber auch schwere Krankheiten, Unfälle, Katastrophen. Ich hingegen führe ein fast zu schönes Leben: in einem gut bezahlten, aufregenden Job als stellvertretender Chefredakteur bei BILD.de, mit einer Eigentumswohnung in Berlin, einer Pacht-Datsche in Brandenburg, tollen Freunden, drei fantastischen Kindern und einer wundervollen Frau (für die ich dir nie genug werde danken können). Ich hätte also viele Gründe, ein dankbarer Vorzeige-Christ zu sein. Dankbar bin ich (inzwischen aber für andere Geschenke von dir), Vorzeige-Christ noch immer nicht, obwohl ich es redlich versuche. Immer wieder knallen Anspruch an mich selbst im Glauben und Wirklichkeit im Alltag aufeinander. Immer wieder stolpere ich, falle hin, baue Mist – und erfahre bei dir Vergebung. In fast jedem Gebet stelle ich Fragen, auf die ich noch keine Antwort weiß. Der Weg ist noch weit.

Ich bin also sicherlich nicht angetreten, um Lehren oder Ratschläge zu erteilen. Ich möchte einfach in demütiger Dankbarkeit erzählen, wie du in mein Leben eingegriffen und es verändert hast – gerettet hast. Denn zumindest zwei Dinge habe ich begriffen:

1. Du willst nicht, dass wir lauwarm im Glauben sind.

Es gibt so viele Menschen, die sich Christen nennen, die sich selbst als gläubig bezeichnen. Aus irgendeinem Grund sind sie aber nicht bereit, den logischen nächsten Schritt zu machen: sich wirklich RICHTIG auf den Glauben an dich einzulassen. Sich frei zu Jesus zu bekennen und die Veränderungen zuzulassen.

Vielleicht tun sie das nicht, weil es in Mode ist, einen persönlichen Einzel-Glauben zu leben (»Ich glaube an Gott. Aber nicht so wie die Kirche«). Vielleicht tun sie das nicht, weil sie sich nie wirklich damit beschäftigt haben und die gute Botschaft gar nicht kennen. Vielleicht tun sie das nicht, weil das Gefühl herrscht, die »Hardcore-Christen« seien irgendwie komisch und lebten fern der Realität.

Ich kann das alles nachvollziehen – denn mir ging es ja bis vor wenigen Jahren genauso. Trotzdem bin ich diesen Schritt gegangen und spaziere seitdem auf einem wundervollen Weg. Ich brauche keine esoterischen Ratgeber, mir geht es innerlich besser als je zuvor, ich habe den Sinn gefunden in allem, was ich tue. Viel wichtiger aber noch: Ich habe meine von dir gegebene Aufgabe gefunden. Ich höre dir endlich zu. Denn das ist das Schöne an diesem Weg: Dein Wort (ob im Gebet oder in der Bibel) lässt mich an keiner Gabelung allein. Es gibt Rat, hilft bei Entscheidungen. Und es ist gut. Andere Christen begleiten mich. Der Weg ist nicht übermäßig kompliziert, aber mitunter anstrengend, weil neu. Er bedeutete auch für mich Abschied nehmen von liebgewonnenen Gewohnheiten. Er bringt Verpflichtungen mit sich.

Und damit bin ich beim zweiten Punkt, den ich begriffen habe:

2. Du willst, dass Christen von ihrer Glaubensfreude und ihrem Gottvertrauen berichten, dass sie sich offen und laut zu dir bekennen, damit viele Menschen die wundervolle Botschaft hören und deine Einladung annehmen. Das klingt erst einmal ganz simpel und fluffig, ist aber eine wirklich neue Aufgabe, die zu

Konfrontationen führen kann. Natürlich wird man von Freunden komisch angeguckt, wenn man an einem gemütlichen Grillabend nach einem Plausch über die Bundesliga-Tabelle und den letzten Politiker-Irrsinn ein Gespräch über Jesus anfängt. Doch dieses offene Bekenntnis zu dir ist gerade in Zeiten wie diesen wichtiger denn je.

Mir fiel es anfangs schwer, laut und sogar öffentlich für dich und meinen Glauben an dich einzustehen. Aus Angst vor Ablehnung oder Spott oder – im besten Fall – einem mitleidigen Lächeln. Doch das änderte sich von einem Moment auf den anderen, als ich, gemütlich vor dem Fernseher sitzend, in einer Nachrichtensendung das x-te Beispiel für das unfassbare Morden von ISIS im Namen ihres angeblichen Glaubens sah.

In diesem Augenblick war es vorbei mit meinem leisen Vor-Mich-Hin-Glauben.

Ich weiß nicht mehr, ob es eine Verbrennung, eine Erschießung oder eine Enthauptung war. Mir platzte jedenfalls der Kragen: Ich wollte nicht länger still sein und hinnehmen, dass es diesen *(jeder kann hier sein eigenes Schimpfwort einsetzen)* gelingt, den Glauben in den Dreck zu ziehen. Dabei ging es mir nicht darum, wer zu dem richtigen Gott betet. Sondern darum, dass mein Glaube an Jesus Christus mich zu Liebe, Barmherzigkeit, Vergebung anleitet. Zu innerer Freiheit, Ruhe, Frieden. Und dass diese fanatischen Glaubensschänder es fast geschafft haben, dich, Gott, in etwas Abschreckendes in den Augen vieler Menschen zu verwandeln. *Du bist gläubig? Dann bist du gewiss so ein Extremist! Im besten Fall stock-konservativ, verbissen, intolerant – im schlimmsten Fall ein Terrorist …* Nein. Ich bin Christ. Und das bedeutet auch, dass die Zeit des Rumsitzens und Zusehens vorbei sein muss. Jeder Christ sollte in dem verursachten Leid so viele Aufträge zur Hilfe und zur Nächstenliebe sehen, dass es spätestens jetzt an der Zeit ist, sich zu diesen wahren Verpflichtungen des Glaubens an dich, guter Gott, zu bekennen und zu handeln. Davon, dass man als Christ sogar bereit sein sollte zur Vergebung für die Terroristen – davon will ich noch gar nicht reden.

Herr, ich habe dich oft gefragt, ob dieses Buch in deinem Sinne ist. Ob es nur meine Eitelkeit befriedigt (jeder Journalist möchte doch gern ein Buch schreiben ...), ob ich mich selbst damit viel zu wichtig nehme, ob ich mich selbst damit zu angreifbar mache oder meine Karriere riskiere, weil ich mich in eine Schublade stecke. Ob ich mich blamiere, weil andere ja viel theologischer an das Thema herangehen können. Du hast mich so weit geführt, dass ich nun wirklich zu schreiben beginne.

Ich kann nicht von oben herab predigen, weil ich selbst täglich lerne und viele Fehler mache. Ich kann keine verbindlichen Antworten auf große Fragen geben, weil die allein von dir kommen können. Aber ich kann meine Geschichte erzählen, die ganz von selbst zu Antworten von dir führte. Sie beginnt an einem Punkt, den viele Menschen von sich selbst kennen: Ich glaubte *irgendwie so ein bisschen* – nicht mit Volldampf, nicht mit tiefem Vertrauen, nicht mit Haut und Haaren. Ich glaubte noch nicht so richtig. Und dann wurde Schritt für Schritt alles anders und besser.

Dieser Morgen danach ...

Noch heute glüht mein Gesicht rot vor Scham, wenn ich an diese Nacht im Frühling 1996 denke: Es war unsere Abi-Party. Die erste von drei Feten (ein Wort, das leider ausstirbt, damals aber noch angesagt war). Es war die Zeit zwischen den letzten Prüfungen und der offiziellen Zeugnisverleihung unseres Gymnasiums in Siegen. Und wir hatten beschlossen, dass drei Feste genau die richtige Anzahl sind für das, was wir geleistet hatten.

Auf der Wiese einer großen Waldlichtung hatten wir ein Party-Zelt aufgebaut – nicht so groß wie auf dem Oktoberfest, aber größer als ein typisches Armee-Zelt – insgesamt mit Platz für um die 100 Leute. Die Wiese hatte ein leichtes Gefälle, in der Senke plätscherte ein Bach. Es gab einen Grill- und einen Bolzplatz. Hier wurde aber weder gegrillt noch gebolzt – sondern vor allem getrunken, geflirtet, geplaudert. Aus den mächtigen, gemieteten Boxen dröhnte der bei uns damals übliche wirre, aber lustige Mix: »Killing in the Name« von Rage against the Machine, »Coco Jamboo« von Mr. President. Dann schrammelte Greenday »Basket Case«, um nahtlos ins fast sphärische »Insomnia« von Faithless überzugehen. Wenn alle besoffen genug waren, durfte üblicherweise irgendwann Blümchen ran mit »Herz an Herz«, und man stolperte und torkelte euphorisch zuckend durcheinander. Ich war besoffen genug. Eigentlich schon zu sehr. Ich war bereits über Herz an Herz hinaus. Eher auf dem Weg Richtung Faust auf Faust und später Brett vorm Kopf. Das wusste ich da aber noch nicht.

Ich selbst fühlte mich einfach nur in bester Partylaune. Einige Wochen zuvor war zwar meine Beziehung in die Brüche gegangen. Aber das war kein Drama. Hatte eh nicht länger als drei, vier Monate gehalten. Sie war es, die die Notbremse gezogen hatte – aber ich war durchaus einverstanden, wenn nicht sogar dankbar gewesen. Inzwischen hatte sie sich einen Neuen angelacht. Einen entfernten Kumpel von mir. So jemanden, den man schon lange kennt, aber sich noch nie intensiv mit ihm unterhalten hatte. Die Beiden waren auch auf der Abi-Party, obwohl er ein Jahr älter als ich und sie einen Jahrgang unter mir war. Sie schmusten und turtelten auf einer Bierbank im Party-Zelt.

Draußen war es längst dunkel. Ich stand am Rand der Tanzfläche, die gerade mal wieder leer war, weil alle – mich eingeschlossen – auf den nächsten Gassenhauer warteten. In der Tanzpause beobachtete ich das frisch verliebte Pärchen und nickte ihnen während einer Knutsch-Unterbrechung zu, sie grüßten zurück. Alles friedlich und vergnügt. Alle inklusive mir gut drauf. Doch dann taten die Beiden etwas, das für mein bierseliges Empfinden schier unglaublich war: Sie schmusten einfach weiter! Was für eine Provokation! Drei, wenn nicht sogar vier Monate lang war ich der Herzbube im Leben dieser Dame da gegenüber von mir gewesen. Und plötzlich war ich es nicht einmal mehr wert, dass sie ihren Kuss für mehr als einen Atemzug unterbricht, aufsteht und mich herzlich begrüßt? Und er erst! Zumindest hätte er die Größe haben können, zu mir zu kommen und mich wenn schon nicht um Erlaubnis, dann doch zumindest um Verzeihung oder Verständnis zu bitten. Schließlich knabberte er an MEINER Ex-Freundin. Aber nichts von alledem geschah.

Ich tat also das, was ich in diesem Moment für die einzig ritterliche Möglichkeit hielt: Ich überquerte mit großen, entschlossenen Schritten die staubige Tanzfläche, brachte mich direkt vor ihnen in Position, wog etwa eine Zehntel Sekunde lang ab, ob es hier noch Gesprächsbereitschaft gab oder ob gehandelt werden musste. Und dann handelte ich.

Dies ist der Moment, in dem mein Gesicht auch heute noch, 19 Jahre später, allein bei der Erinnerung daran rot aufleuchtet.

Denn der männlich-heroische Akt spontaner Entschlossenheit, den ich nach mindestens zehn Bier zustande brachte, war: Ich trat ihm vor das Schienbein. Und zwar mit der Pike und Karacho! Ha! Damit hatte er nicht gerechnet! Damit war die Sache für mich geklärt.

Für ihn nicht.

Er stand auf. Groß, zäh, ganz ordentlich Muskeln. Schubste mich auf die Tanzfläche. Und so stolperte ich rückwärts ins Rampenlicht und damit in die Aufmerksamkeit aller umher stehenden Mitschüler und Freunde. Meine halbe Jahrgangsstufe konnte nun gut beobachten, was als nächstes passierte. Nur ich konnte kaum noch etwas sehen, da ich einen Augenblick später auf dem Boden lag und Staub meinen Blick vernebelte. Wow! Den Schlag hatte ich nicht kommen sehen. Aber fühlen konnte ich ihn und die folgenden ganz gut. Der neue Freund meiner Ex verdrosch mich nach Strich und Faden. Man könnte auch sagen: Er versohlte mir den Hintern. Denn ich war zu träge, zu betrunken, zu überrascht, um mich auch nur ansatzweise zu wehren. Es war eine ordentliche Tracht Prügel. Und schon beim Verkloppt-Werden kam mir der Gedanke: »Okay, Daniel, nüchtern betrachtet muss man analysieren: Das hast du irgendwie verdient!« Niederlage auf ganzer Linie. Aber die Linie war noch nicht am Ende. Sie zog sich weiter durch diese denkwürdige Nacht.

Nachdem ich mich bereits weder bei meinem Angriff noch bei der späteren Verteidigung besonders profiliert hatte, rollten mir nun die Tränen über das Gesicht. Ich werde schnell sentimental, wenn ich zuviel getrunken habe. Aber in diesem Fall war es einfach nur Rumheulen. Eine Heul-Attacke vor all meinen Kumpels, von denen einige inzwischen meinen Peiniger von mir gezerrt und somit den sehr einseitigen Kampf beendet hatten. So lag ich nun im Dreck der Tanzfläche: voller Staub, vermöbelt, mich windend und heulend. Und trotzdem der Voll-Idiot, der kein Mitleid verdient hatte, weil er grundlos den Streit vom Zaun gebrochen hatte. Gibt es aus so einer Situation noch einen Ausweg? Nein! Da war ich mir damals ganz sicher. Nicht nur diese Situation erschien mir ausweglos. Eigentlich alles. Wirklich alles. Das ganze Leben.

Nur konsequent also, dass ich mich wieder aufrappelte, halb humpelnd, halb torkelnd gen Zeltausgang schlingerte und verkündete: »Ich gehe jetzt raus und bringe mich um.« Nett von den Party-Gästen, dass ich mich zumindest nicht an schallendes Gelächter in meinem Rücken erinnere, als ich das Zelt und sie hinter mir ließ und durch die Dunkelheit den kleinen Bach in der Nähe ansteuerte.

Irgendwer muss gehört haben, wie ich eine Bierflasche auf dem Weg dorthin an einem Stein zerschlug. Zumindest kam eine aufgeregte Menschentraube gelaufen, als ich gerade überlegte, wie ich mir mit den Scherben wohl am besten die Pulsadern aufschneiden könnte und ob ich wirklich sterben oder allen nur einen großen Schrecken einjagen wollte, damit sie vielleicht die kleine Peinlichkeit von vorhin schnell wieder vergessen und Mitleid mit mir haben. Es war Dominik, ein Freund aus Pfadfinderzeiten, der mich schließlich davon überzeugte, dass die Idee nicht ganz so ausgefeilt war und es am besten wäre, wenn mich jetzt jemand nach Hause fährt. Wirklich? JA! Aber ...! LOS!

Die gute Nachricht: Ich hörte auf ihn und schlimmer wurde es nicht. Die schlechte: Ich wurde am nächsten Morgen wach und war nüchtern.

Mittlerweile weiß ich, dass sich viele Menschen meinem Urteil anschließen: Es gibt wenig Schlimmeres, als mit einem Brummschädel aufzuwachen und zu wissen, dass man in der Nacht davor wirklich spektakulären Mist gebaut hat. Dieses zähe

Grübeln über die Details, wenn die Erinnerungen ganz langsam ins Bewusstsein tropfen. Erst süß und klebrig wie Sirup, waberig und unscharf – aber plötzlich ätzend und schmerzhaft wie Säure, in dem Moment, in dem einem klar wird: *Das ist nicht nur ein Bild in deinem Kopf, das ist wirklich passiert.* Das tut fast körperlich weh.

Schienbein ... Da war was. Achja. Prügel. Geheult? Ja, wirklich! Dieser Schüttelfrost, der einen durchfährt, wenn man die innere Frage an sich selbst »Das hab ich nicht wirklich auch noch gemacht?« mit »Oh, doch!« beantworten muss. Damals gab es zum Glück noch kaum Handys. Ich musste also nicht auch noch checken, ob ich bestürzte oder hämische Nachrichten erhalten hatte oder morgens um drei Uhr noch irgendwen warum auch immer angerufen hatte, noch, ob ein Freund auf Facebook zig Fotos geteilt hatte, auf denen ich markiert war. Solch übles Erwachen kam erst Jahre später. Trotzdem ging es mir elend.

Zum Glück hatten wir keinen Unterricht mehr. So stellte sich die Frage nicht, ob ich meinen über 100 Mitschülern schon am nächsten Tag wieder unter die Augen treten konnte. Ich wagte mich sogar auf Abi-Party Nummer 2 – allerdings fuhr ich selbst mit dem Auto hin, bot mich als Chauffeur für alle an und verhinderte so, dass ich mich wieder in eine Laune trinken konnte, in der ich meinte, ein Schienbeintritt sei ein vernünftiges Argument.

Kurzum: keine bleibenden Schäden. Die gab es fast nie. Und ich habe noch oft und viel Mist gebaut.

Von dieser Nacht im Siegener Wald kann ich mittlerweile recht entspannt erzählen, weil es keine echten Opfer gab, meinen Stolz und meine Würde und ein schmerzendes Schienbein auf der Gegenseite mal ausgenommen. Außerdem liegt es so lange zurück, dass man es heute getrost im Ordner »peinliche Jugendsünden« ablegen kann. Mir bleiben die Momente dennoch vermutlich ein Leben lang im Gedächtnis. Besonders das lausige Gefühl danach, denn das hatte ich noch sehr, sehr oft – egal, ob noch ein Kater hinzukam oder ich komplett nüchtern und als Herr meiner Sinne daneben gegriffen hatte. Unzählige Male hatte ich schon vorher und habe ich auch später das Falsche getan, mal mit voller Absicht, mal nicht. Wieder und wieder gab es solche Momente, über die ich kurz darauf den Kopf geschüttelt habe und mir eingestehen musste: »Daniel, da hast du riesengroße Scheiße gebaut!«

Mal war es ein verletzendes Wort, das ich wenig später bereute. Mal war es eine hitzige Diskussion, bei der ich zu spät merkte, dass wir längst nicht mehr über die Sache sprachen, sondern eigentlich nur darauf aus waren, uns gegenseitig schlimmstmöglich zu beleidigen. Hier mal als Jugendlicher eine Kleinigkeit aus dem Supermarkt mitgehen lassen, da mal eine Beziehung beendet, weil ich eigentlich längst eine neue hatte, zum Glück ebenfalls schon viele, viele Jahre her und verjährt ...

Das lässt sich im Rückspiegel alles verhältnismäßig leicht aufschreiben. Schließlich bin ich nicht wirklich kriminell geworden. Die meisten meiner Fehltritte sind nicht außergewöhnlich oder verheerend gewesen. Aber so larifari waren sie dann auch nicht. Nein, viele waren schlimm! Freundschaften sind auf der Strecke geblieben, Vertrauen ist kaputt gegangen – alles, weil ich oft das Falsche gemacht habe – aus Wut, Jähzorn, gekränkter Eitelkeit, Faulheit, notgeilem Übermut, Egoismus oder aus Ignoranz.

Aber es gab noch einen weiteren Grund, warum ich immer wieder mit mir selbst haderte nach solchen – nennen wir sie mal – Patzern: Ich glaube, so lange ich denken kann, an Gott. Was er genau war, was er wollte, was er mit mir vorhatte – so in die Einzelheiten war ich nie eingetaucht. Aber ich glaubte daran, dass es etwas Göttliches gab. Egal ob in Form eines Geistes, eines Hauchs, als unser Gewissen oder als alter Mann mit Bart. Es gab da einen Gott – und der konnte nicht zufrieden mit mir sein. Das war mir klar. Und wenn er es nicht war, konnte ich es auch nicht sein.

Ein blasser, leiser Gott

Im Laufe der Jahre begab ich mich also auf einen Weg. Ich will nicht sagen, dass es ein Holzweg war. Denn schließlich und endlich hat er mich dann ja doch zu Gott geführt. Aber es war mitunter ein völlig bekloppter Weg. Es gab Zeiten, da war Gott für mich kaum mehr als eine zusätzliche Belastung. Er wurde zu einer Moral-Keule, zu einer Art strafendem Gewissen. Schlechtes Gewissen als Buße. Gott war mir fremd, aber da. Bedrohlich. Im Hintergrund. Ich kannte die Bibel, wie man sie eben nach Religionsunterricht und Konfirmandenunterricht kennt. Aber ich kannte sie nicht wirklich. Gott auch nicht. Und Jesus erst recht nicht. Ich gab dem Kennenlernen keine echte Chance.

Glaube und Religion waren mir nie sympathisch oder einladend genug, um mich wirklich intensiv damit zu beschäftigen.

Dieses zwiespältige Verhältnis fing schon früh an. Beispiel Religionsunterricht: Den fand ich zwar stets recht kurzweilig – aber mehr auch nicht. In der Grundschule haben wir in diesen Stunden viel gemalt. Ich erinnere mich noch an meinen Petrus aus Wachsmalstiften, der mit ausgebreiteten Armen am Himmelstor stand und die zwei Türblätter offen hielt. Das einzige, was ich aber mit dieser Erinnerung verbinde, ist die Kritik meiner Lehrerin: Ich hatte die Arme nicht ganz naturgemäß abgebildet. Der linke Arm war deutlich kürzer als der rechte, okay, maximal halb so lang wie sein Pendant. *Falsch! Arme sind zumindest ungefähr gleichlang. Setzen!*

Mit acht Jahren ging ich zu den katholischen Pfadfindern. Ich habe die Gruppenstunden geliebt. Wir waren eine eingeschworene Gemeinschaft. Es wurde gesungen, getobt, Verstecken gespielt, die Schokokuss-Wurfmaschine ausprobiert. Ich mochte meine schlammfarbene Kluft mit dem orangen Halstuch und dem ledernen Knoten. So sehr, dass ich sie auch noch in der Schule anziehen wollte.

Die Zeltlager waren die Höhepunkte – und die Nachtwanderungen mit Gespensterspielen in den Wäldern, die Feuer vor den Zelten, das Baden im See und die übermüdete, verdreckte, restlos glückliche Heimkehr am Ende eines solchen Wochenendes wurden zu kunterbunten, wundervollen Erinnerungsbildern aus meiner Kindheit. Bis heute summt in meinem Kopf »Laudato Si« los, sobald ich irgendwo ein Lagerfeuer erblicke.

Oft besuchten meine Pfadfinderfreunde und ich die Gottesdienste. Die Kirche war ja gleich neben dem Pfadfinderheim und es gehörte einfach dazu. Doch wenn es zum katholischen Abendmahl, der Eucharistiefeier, kam, musste ich in meiner Bank sitzen bleiben, während meine katholischen Kumpels nach vorne gehen konnten. Ich war schließlich evangelisch. Später wurden sie Messdiener – mir blieb auch diese damals durchaus erstrebenswerte Karriere versagt. Im Pfadfinderheim waren wir alle gleich. In der Kirche nebenan war ich der Außenseiter.

Wenn ich an diese Pfadfinderzeit zurückdenke, kommen mir Szenen von praller Freundschaft in den Sinn, von Miteinander, Freude und Ausgelassenheit. In den Gruppenstunden waren wir alle zusammen kleine, glückliche Christen. Doch in der Kirche wurden wir nach Konfessionen getrennt. Gott kam mir dadurch nicht näher. Bei mir blieb viel mehr kleben: Pfadfinderheim hui,

Gottesdienst pfui – oder zumindest gähn. Dass die Gruppen-stunden unser eigentlicher Gottesdienst waren, in dem wir ja auch Gemeinschaft erlebten (nicht erzwungen), Gott lobten (in fröhlichen Gitarren-Liedern) und stets einander halfen, so wie es das Pfadfinder-Versprechen verlangte – Mensch, das wäre mal eine Erkenntnis gewesen! Aber davon war ich noch weit entfernt.

Später, mit 14, habe ich es beim CVJM versucht. Die Erfah-rung war ähnlich. Wenn wir wir selbst sein konnten – an den Gruppen-Abenden, beim Fußballspielen, bei den ersten schüch-ternen Teenie-Parties im Gemeindehaus –, dann war ich selig und fühlte mich wohl. Die Gottesdienste blieben eine Pflicht, voll mit Regeln und Ritualen, bei denen man immer darauf be-dacht sein musste, nichts falsch zu machen. Ein Kirchenbesuch war dazu da, das Gewissen zu beruhigen. *Am Gottesdienst teil-genommen? Check! Ein Sternchen mehr im Buch der guten Taten.* Der Glaube war für mich keine Freiheit, der Dienst für Gott kei-ne Freude. Aber es war etwas, das sein musste – eine Pflicht -, damit es keinen Ärger von ganz oben gab.

Schon als Jugendlicher begann ich, dieses System von Re-geln und Pflichten auf meinen Alltag auszudehnen und kreativ zu individualisieren. Ich langte immer wieder kräftig daneben. *Eine Haselnuss-Schnitte im »Schlecker«-Markt gemopst? Ach, ich muss mir doch nur genügend imaginäre Sternchen in mein »Gutes Gewissen«-Buch kleben, um wieder auf null zu kommen.*

Und das funktionierte dann zum Beispiel so: Irgendwann, ich war vielleicht 14 oder 15, scheppterte aus meinem Kassettenre-corder eine Livekonzert-Aufnahme der »Ärzte«. Meine Mutter kam ins Zimmer und fragte, was ich da hörte. »Die Ärzte.« »Aha, hmm ... Ich habe gelesen, dass die blasphemische Texte haben!« Also Notiz an mich selbst: *Ich höre ab sofort nicht mehr »Die Ärz-te«!*

Kein Witz! Ich habe viele Jahre lang »Die Ärzte« boykottiert. Kassette entsorgt, nie wieder ein Album von ihnen gekauft. Und wenn sie mal in der Stadt waren für ein Konzert – das passierte in Siegen nicht häufig, kam aber vor –, gingen alle meine Kumpels hin, nur ich nicht. Selbstverständlich habe ich ihnen nie gesagt, warum nicht. Wenn auf Partys »Westerland« lief, grölte ich zwar mit. Aber da war es ja gewiss auch dem lieben Gott egal. Schließlich lief das Lied eh und es hätte nichts geändert, wenn ich mürrisch in der Ecke gesessen hätte. *Hey, Gott, wäre schön, wenn unseren Anti-Ärzte-Deal kein anderer mitbekommt. Wäre ja peinlich. Also nicht böse sein wegen dieser einen Party, ok?*

Meine Mutter war übrigens nie sehr gläubig. Es lag bestimmt nicht an ihrer Erziehung, dass ich diese Entscheidung getroffen hatte. Ihr Satz »Ich habe gelesen, dass die blasphemische Texte haben« war exakt so gemeint. Keine versteckte Aufforderung: »Hör dir so etwas nicht an!« Auf diese smarte Regel bin ich von ganz allein gekommen. Bis heute ist mir rätselhaft, welcher »blasphemische Text« gemeint gewesen sein könnte ...

Dieser Verzicht war meine Art von Selbstkasteiung. Fast überflüssig zu erwähnen, dass dies meine Beziehung zu Gott auch nicht festigte. Es waren meine eigenen Regeln, die ich später munter erweitert und angepasst habe. »Nirvana« stand für mich auch auf dem Index. Keine Ahnung mehr, warum. Mein Repertoire an selbst erdachten Verboten und Wiedergutmachungsmaßnahmen war imposant. Es reichte vom verpflichtenden, täglichen Runterleiern des »Vater unser« (an einem Tag mit besonders vielen Fehltritten gern 20 Mal) bis hin zum selbst auferlegten Süßigkeiten-Naschverbot, wenn ich mal wieder das Gefühl hatte, mein moralisches Konto ausgleichen zu müssen.

Ich dachte damals, so funktioniert wohl der Glaube: Da oben ist irgendwer, der belohnt und straft. Der Gut und Böse aufrechnet und entsprechend abrechnet. Mir ging es sehr gut und ich benahm mich dennoch oft wie eine offene Hose. Also: *Bestraf ich mich doch lieber schnell selbst, eh der da oben es tut – dann wird schon alles irgendwie gutgehen.*

Nun könnte der Eindruck entstehen, ich hätte Tag und Nacht darüber nachgedacht, wie ich den grimmigen, strafenden Gott versöhnlich stimmen könnte. So war es natürlich nicht. Ansonsten wäre ich vielleicht irgendwann mal auf die Idee gekommen, ein wenig mehr über die angeblich vorhandenen schönen Gottes-Attribute erfahren zu wollen: Vergebung, Barmherzigkeit, Nächstenliebe. Auch hätte ich gewiss den Geistesblitz gehabt, dass sich hier für erste Recherche-Zwecke die Bibel anbot, und hätte mich mit Feuereifer darauf gestürzt. Aber ich hatte mich eben arrangiert. Mein Leben lief ja glatt.

Es gab schlicht keinen Impuls umzukehren, etwas radikal zu ändern oder sich zumindest die Mühe zu machen, auf wahre Gottsuche zu gehen. Stattdessen trat mein selbst gebastelter Glaube mehr und mehr und dauerhaft in den Hintergrund. Er wurde leise und blass – und stach nur kurz hervor, wenn es absolut nötig war: Wenn mich jemand fragte, ob ich an Gott glaube, bejahte ich so heftig, als müsste ich mich selbst davon überzeugen. Wenn es um große, wichtige Entscheidungen ging, überlegte ich noch immer, was Gott wohl am besten gefallen könnte. Hin und wieder ging ich in die Kirche, besonders gern an Heiligabend in den Mitternachtsgottesdienst. Das lag aber nicht an spontaner Frömmigkeit, sondern weil es eine liebgewonnene Tradition unter Freunden geworden war, die gern in einem ordentlichen Besäufnis endete.

Ich lebte nicht in Gott, sondern an ihm vorbei. Ich konsultierte ihn hin und wieder im Sinne von »*Na, was sollte ich tun, damit ich dich nicht enttäusche und dafür einen auf den Deckel bekom-*

me?« und führte weiter meine Checkliste von Falsch, Richtig, Belohnung und Strafe. Ich sagte stets brav Dankeschön für all das Schöne in meinem Leben – aber nicht aus tiefer, ehrlicher Dankbarkeit. Sondern aus Unsicherheit und Angst davor, dass dem Allmächtigen sonst irgendwann die Hutschnur wegen meiner Halsstarrigkeit platzt und er eigens für mich ein individuelles Jüngstes Gericht veranstaltet.

Das klingt vielleicht alles etwas exotisch und ein wenig obskur. Aber als ich anfing, bei anderen christlichen Menschen genau hinzuhören, lernte ich, dass ich ganz gewiss nicht der einzige war, der die Groß-Meisterschaft in der Disziplin »individuelle Glaubens-Schnitzerei« anstrebte. Es gibt Abermillionen getaufte Christen in Deutschland – und nach vielen Gesprächen, auch mit guten Freunden, bin ich überzeugt, dass die meisten von ihnen eine ähnliche (Nicht-)Beziehung zu Gott hatten oder haben, wie ich damals: *Jau, es gibt einen Gott. Aber ich möchte darüber nicht weiter reden. Das ist meine Privatsache und geht niemanden etwas an. Irgendwie glaube ich auch nicht so an DEN Gott, den man aus der Bibel kennt. Sagen wir mal: Beziehungsstatus – Es ist kompliziert ...*

Wer sucht heute immer und immer wieder das Zwiegespräch mit Gott im Gebet? Wer lebt wirklich in allen Lebenssituationen seinen Glauben? Wer liest regelmäßig in der Bibel, um herauszufinden, was Gott mit einem vorhat? Wer hat in all seinem Handeln und in seinem Herzen verankert, dass der einzige Weg zu Gott über Jesus Christus führt? Alles kleine Aufträge, die sich in der Bibel finden, dem Fundament des Christentums – die aber für den Standard-Christen im Alltag oft nicht mehr existieren. Genauso wenig wie für mich in dieser Zeit.

(K)ein moralischer Kompass

Ich kann nicht behaupten, dass Gott irgendwann den Vorschlaghammer rausgeholt hätte, um mich mit einem gewaltigen Schlag vor den Kopf zur Raison zu rufen. Im Gegenteil: Statt schlimmer Schicksalsschläge oder Niederlagen flutschte mein Leben schnörkellos seine Bahn entlang: Stipendium für einen einjährigen High-School-Aufenthalt in den USA, danach ein 1,3er-Abi ohne allzu große Anstrengungen, Studienstipendium der Konrad-Adenauer-Stiftung, Studium abgebrochen, weil auch die Bewerbung an der Axel-Springer-Journalistenschule auf Anhieb erfolgreich war. Dazu ein behütetes Umfeld, wunderbare Freundschaften, alle in der Familie wohlauf und gesund. Gut, ich war immer ein bisschen – sagen wir mal – bepackt um die Hüften und nicht der Typ, der Oberkörper frei im Freibad irgendeine Lady hätte abschleppen können. Aber das war auch so ziemlich die einzige Sache, die ich damals gern an meinem Leben geändert hätte.

Ich zähle diese Punkte nicht auf, um mich selbst zu feiern. Eher im Gegenteil: Ich bewundere zutiefst die gefestigten, gottgläubigen Menschen, die Schicksalsschläge erlitten haben, die Tod und Verzweiflung, Armut und Einsamkeit erlebt haben. Gefestigt im Glauben, manchmal trotz des Leids, manchmal sogar deswegen. Mein Leben hingegen wurde nie hart durchgerüttelt. Ich weiß nicht warum. Jedenfalls gab es für mich keinen Zwang, mich selbst zu überdenken. Passte ja alles.

Nach meinem Abitur und dem Zivildienst machte ich ein Praktikum bei BILD in Düsseldorf. Solange ich denken kann, war es mein Traum, Journalist zu sein. Ich genoss es zu schreiben. Ich brannte vor Neugier auf alles und jeden. Schon während der Mittelstufe hatte ich auf Sportfesten knallhart für unsere

Schülerzeitung »Rostpresse« recherchiert, später für die »West-fälische Rundschau« erst als Schülerpraktikant, danach schrieb ich als Freier Mitarbeiter über jedes Lokalzeitungs-Klischee vom Kaninchenzüchterverein bis zur Kegelparty. Ich nahm Fotokurse und lernte sogar noch, ganz klassisch mit Chemikalien Filme zu entwickeln und Abzüge zu machen. Ich hatte nie einen Zweifel, dass meine Berufung im Journalismus läge.

Zwischen Zivildienst und Studium hatte ich mir ein halbes Jahr Zeit gegeben, diverse Praktika zu absolvieren, um dazu-zulernen und mir ein kleines Einsteiger-Netzwerk aufzubauen. Die Deutsche Fernsehnachrichten-Agentur stand auf meinem Programm, ebenso das ZDF. Aber los ging's bei BILD – und da-mit endete es dann auch, weil ich hier einfach nicht mehr weg wollte.

Es fühlte sich gut an, mit seinen Worten so viele Menschen zu erreichen. Außerdem hatte mir so ziemlich jeder aus der Branche bestätigt, dass bei BILD die handwerklich besten Jour-nalisten arbeiteten. Ein Satz, der bei mir hängen geblieben ist: »Eine Regierungserklärung auf 1000 Zeilen im Wortlaut dru-cken – das kann jeder. Aber die Quintessenz in 50 Zeilen zu de-stillieren, so dass jeder den Kern versteht –, das können nur die bei BILD.« Die lauten, auf den Punkt formulierten Schlagzeilen waren für mich schon zu Schülerzeitungs-Zeiten eine Kunst-form für sich.

Ich pfiff also auf die anderen Hospitations-Pläne und heu-erte nach dem Praktikum als Pauschalist bei BILD-Düsseldorf an. Willkommen im Boulevardjournalismus! Dieser passte von Tag 1 an zu mir: Die Themen, die so ausgewählt waren, dass sie möglichst viele Leser ansprachen und interessierten, die klare Sprache, der Zeitdruck, der Konkurrenzkampf mit dem Express, das tägliche Quälen, um hinter jeder öden Pressekonferenz und jedem Vor-Ort Termin mit einem Lokalpolitiker die eigentliche Geschichte aufzuspüren, sie freizulegen, tiefer zu graben und sie punktgenau aufzuschreiben. Abgesehen davon verfolgte ich auf irgendeiner nur mir bekannten Meta-Ebene einen ganz persönlichen Masterplan: *Ich knie mich da jetzt voll rein, werde irgendwann Chefredakteur und dann mach ich drei Tage lang Schlagzeilen wie »Seid nett zueinander«, »Die Welt ist schön!«, »Friede, Freude, Eierkuchen«. Am vierten Tag werde ich vermutlich völlig zu Recht gefeuert. Aber bei zwölf Millionen Lesern hab ich zumindest mehreren tausend von ihnen einige Tage lang gute Laune beschert und ihnen einen positiven Impuls geschenkt. Bäääm! Fertig! Viel mehr kann der liebe Gott doch nicht von mir erwarten ...*

Diesen Gedanken pflegte ich tatsächlich eine ganze Weile weit hinten in meinem Kopf, bis er sich schließlich irgendwo noch weiter hinten unbemerkt zur Ruhe setzte und ich einfach froh darüber war, einen Job gefunden zu haben, der mir richtig Spaß machte. So nahm ich jede Herausforderung begeistert an und ging meinen Weg – als Lokalreporter, Klatschreporter, nach meinem Volontariat als Polizeireporter bei BILD-Hamburg, danach Lokalchef in Hamburg, Büroleiter in Dortmund und Essen bis in die Chefredaktion nach Berlin. Ich mochte die Zeitung und später den Aufbruch in die digitalen Plattformen, ich mochte die Kollegen, ich liebte den Journalismus. Bis heute.

Rückschläge, Niederlagen – auch hier Mangelware, wenn nicht Fehlanzeige. Und da ich bislang so ungeschoren durch das Leben gekommen war, dachte ich seltener und seltener darüber nach, was wohl in Gottes Sinne sein könnte. Es spielte kaum noch eine Rolle. Wenn doch, dann bog ich es mir irgendwie zurecht und gönnte mir immer abenteuerlichere Auslegungen, um mein hin und wieder nagendes Gewissen zu beruhigen. Inzwischen hatte ich einen Satz zu meinem Glaubensmotto gemacht, der mich dank meiner gewagt liberalen Interpretation von nahezu allen Fehltritten freisprach. Der Satz stammte direkt aus der Bibel und lautete: »Gott ist Liebe«!

Mit dieser Maximal-Verknappung, die mein komplettes Glaubensbekenntnis war, hätte ich sogar Fremdgehen rechtfertigen können. Nach dem Motto: »Gott ist Liebe! Und wenn Liebe alles ist, was uns Menschen gefällt, und ich nun eine Frau treffe, die mir gefällt und ich ihr – dann ist da ja auch irgendwie Liebe in der Luft. Wenn sie nun schon einen Partner hat, der davon aber nichts weiß, gibt es ja eigentlich keinen Verlierer, keinen Schmerz. Sondern nur zwei fröhliche, erwachsene Menschen, die Spaß miteinander hatten. Ist also gewiss irgendwie okay. Zumindest nix Böses im großen Stil oder etwas, für das ich mich jetzt lang und breit entschuldigen müsste.«

Ich war dabei, meinen moralischen Kompass total zu verlieren. Ich bewegte mich irgendwo zwischen »Ich will viel Gutes tun, Gott gefallen und gebe gern einem Bettler etwas in seinen Hut« und »Hoch die Tassen! Nach mir die Sintflut!«. Zwischen »Ich weiß, dass es einen Gott gibt, der will, dass Gutes passiert« und »Mein Leben macht so einen Spaß, da soll mir bloß keiner reinquatschen«. Diese Phase dauerte viele Jahre an.

Böse Augen

Eines Abends – ich wohnte inzwischen mit meiner wundervollen Ehefrau Sophie in Berlin – saß ich mit der Freundin eines sehr guten Kumpels in einer Prenzlauer Berger Kneipe bei uns um die Ecke. Wir mochten uns nicht besonders, hatten uns kaum etwas zu sagen, und ich weiß nicht einmal mehr, warum nur wir zwei da waren. Wir duldeten uns, weil sie eben die große

Liebe meines Freundes war und ich ebenfalls zu seinem Leben gehörte. In dem verrauchten Eckladen kosteten ein Bier und ein Korn 2,40 Euro. Ein bodenständiges Schnäppchen! Alkohol war also auch involviert ...

Es war kein schönes Gespräch. Ich erzählte, dass ich mir vorstellen könnte, dass ihr Liebster später Patenonkel unseres geplanten Kindes sein könnte. Sie gab mir das Gefühl, dass dies ein völlig lächerlicher Gedanke sei, weil er und ich ja nun auch nicht SO gut befreundet seien. Das verletzte mich und die Debatte wurde hitziger und schärfer. Sie sagte Dinge wie »Ist ja auch nicht so wichtig« und bei mir kam an »Du bist ihm eben nicht wichtig!«. Ich sagte Sachen wie »Das kann man so und so sehen« und meinte »Du hast ja keine Ahnung, wovon du da redest. Ich kenne ihn besser als du!«. Nach zwei, drei weiteren Molle-Korns wurden aus den behutsam kaschierten Beleidigungen offene Anfeindungen. Was sie mir an den Kopf warf, gehört nicht auf diese Seiten. Aber auch ich habe den Bogen so weit überspannt, dass er brach. Sätze wie »Wenn ich wollte, könnte ich euch auseinanderbringen« fielen und ich war schon in diesem Moment nicht stolz darauf. Zum Finale hin war in all der Wut und dem gegenseitigen Kränken kein Platz mehr für ausformulierte Sätze und daher schoss ich zum Abschluss meines Beschimpfungs-Feuerwerks eine kleine, grelle Rakete ab: »Du blöde Fo ...!!!« BUMM!

Am nächsten Morgen erzählte ich meiner Frau Sophie von dem Streit. Mag sein, dass ich die Verfehlungen und Hasstiraden meiner Konkurrentin vom Vorabend etwas stärker in den Vordergrund stellte und auch meine letzten Gossen-Beleidigungen ein wenig schönredete und daraus ein »Du blöde Kuh« machte. Trotzdem erhielt ich nicht die erwartete tröstende Umarmung.

Das verstand ich nicht. Und als ich nachbohrte, sagte Sophie zu mir: »Weißt du, sie hätte einfach viel früher klein beigeben sollen. Das heißt nicht, dass du Recht hattest. Aber wenn du einmal so einen Punkt erreicht hast, dann wirst du verletzend und arrogant. Das ist dann meist der Moment, an dem ich mich zurückziehe. Da weiß ich: Jetzt nützen Argumente nichts mehr, jetzt willst du einfach zanken. Du bekommst dann so einen zornigen Blick. So böse Augen. Da halt ich lieber den Mund.«

Zorniger Blick? Ich? Ich, der doch seit so vielen Jahren versuchte, immer das Richtige zu tun? Der sich einfach an dem Kneipenabend völlig unfair behandelt gefühlt und ein wenig schroff reagiert hatte? Ich hatte mich bis dahin wirklich für einen lieben Menschen gehalten. Gut, manchmal etwas zu diskussionsfreudig, gelegentlich etwas zickig. Aber ich war doch meist auf Harmonie aus, half, wo ich konnte, spendete regelmäßig. Doch da wurde mir zum ersten Mal klar, wie weit ich davon entfernt war, wirklich aus reinem Herzen gut zu sein. Das, was ich tat, tat ich in erster Linie für mich. Es waren egoistische gute Taten, die mein Gewissen beruhigten und dabei halfen, dass ich mich gut fühlte. Sie waren die plüschigen Polster für meine Wohlfühlzone.

In Wahrheit pendelte ich in meinem sorgenfreien Leben ständig zwischen Freundlichkeit und Überheblichkeit, Nächstenliebe und rücksichtslosem Ehrgeiz, Selbstkasteiung und Maßlosigkeit. In Wahrheit war ich völlig unausgeglichen. Ich hatte keinen ruhenden Pol in mir. Dass es überhaupt diese Pendelbewegungen zum Guten, zum Maßvollen oder zur Bescheidenheit hin gab, hatte ich wohl nur meiner kümmerlichen Interpretation von Glauben zu verdanken. Doch innerlich war ich unglücklich, unruhig, unfriedlich. Ich war oberflächlich. Wenn meine Maske fiel, hatte ich einen zornigen Blick. Böse Augen. So einer wollte ich nicht sein.

Das Leid der anderen

Den Impuls, der mir eine Ahnung davon gab, was wahrer Glaube an Gott bedeuten könnte, bekam ich inmitten einer der größten Katastrophen dieses Jahrtausends.

Am 12. Januar 2010 bebte die Erde in Haiti mit Stärke 7. Das Epizentrum lag nur 25 Kilometer von der Hauptstadt Port au Prince entfernt. Fotos von sagenhafter Vernichtung, von Leichen und Verletzten liefen sofort weltweit über die Bilder-Dienste der Presse-Agenturen. Auch bei uns – in der Bundes-Redaktion von BILD in Berlin – war die Bestürzung groß. Am Ende zählte man über 300 000 Tote. Das wusste an diesem Tag noch niemand. Aber jeder sah, dass dieses Unglück gewaltig war.

Ich arbeitete damals in der Chefredaktion. Zuständig für Sonderaufgaben. In mehreren Konferenzen überlegten wir, ob es eine Möglichkeit gebe, nicht nur zu berichten, sondern zu helfen. Schließlich kam einer (ich glaube, es war mein Chefredakteur persönlich) auf die Idee: »Lasst uns einen Flieger organisieren und Helfer, Ausrüstung und Medikamente schicken!« Diese Aufgabe fiel mir zu. Ziel: Innerhalb von 48 Stunden sollte das voll beladene Flugzeug startklar sein.

Ich hab schon damals nicht verstanden, wie Leute auf Journalisten schimpfen konnten, die über eine Katastrophe berichteten. Aufschreie wie »Solche Fotos wollen wir nicht sehen!« oder »Packt mit an, statt eure Kameras drauf zu halten!« erschienen mir zynisch, manchmal verlogen. Erfahrung hatte mich gelehrt, dass erst durch Berichterstattung Unglück und Leid, das so weit weg war, begreifbar gemacht werden kann. Mitfühlbar. Fotos, Videos und Geschichten erzeugen die so wichtige Empathie. Und ganz nebenbei sorgen sie dafür, dass Menschen selbst zu Helfern werden wollen – und sei es mit Geldspenden.

In diesem besonderen Fall kamen das Berichten und das Selbst-Helfen zusammen. Ich legte also begeistert los – sofern man angesichts der Lage von Begeisterung sprechen darf. Ach, was soll's: Ja, ich war begeistert. Die Katastrophe erschütterte mich, wie einen ferne Katastrophen eben erschüttern. Man sieht die Bilder, spürt einen Klumpen in der Magengegend, vielleicht berührt einen ein bestimmtes Foto ganz besonders. Man spricht mit Bekannten und Freunden darüber. Einzelne Anekdoten – meist die besonders tragischen Einzelschicksale – graben sich etwas tiefer in die Erinnerung. Man will gerne helfen. Gleichzeitig betrifft es einen selbst nicht so sehr, dass man am Abend nicht wieder über einen guten, dreckigen Witz lachen könnte.

Das Unglück war weit weg. Ich konnte mir die Gutmenschen-Euphorie leisten: Ich konnte für die Opfer Hilfe organisieren, ohne selbst zu ihnen zu gehören oder wirklich mit ihnen zu leiden. Ich hatte eine Distanz zu dem monströsen Beben. Die schmolz mit jedem Telefonat, das ich führte.

Ich telefonierte mit unserer BILD-Hilfsorganisation »Ein Herz für Kinder«, ließ mir Adressen von guten, vertrauenswürdigen Hilfsorganisationen nennen, die wiederum ihre Kontakte zu Medizinern und Koordinatoren aktivierten. Ich sprach mit Fluggesellschaften: Wer ist spontan bereit, mal eben einen Flieger zu stellen? Es war eine wunderbare Erfahrung. Fast jeder, mit dem ich redete, ließ alles stehen und liegen, um etwas Gutes zu tun. Angefangen bei den Verantwortlichen der Fluggesellschaft (in diesem Fall war es übrigens Air Berlin) bis hin zum Airport-Mitarbeiter, der sofort eine Sonderschicht einlegte, um die anrollenden Hilfsgüter zu koordinieren und Tore aufzuschließen, die eigentlich für diesen Tag schon abgesperrt waren.

Wenn ich mich heute an diese Stunden erinnere, laufen sie wie die pathetischen Momente eines Hollywood-Blockbusters vor meinem geistigen Auge ab: In schnell geschnittenen Szenen werden Medikamente und Hilfsgüter verladen, Ärzte brechen ihre Schichten in den Krankenhäusern ab, raffen das Nötigste zusammen und eilen zum Flughafen. Laster rumpeln über die Straßen, um Verbandsmaterial und Zelte zur Verladestation zu bringen. Immer wieder wird telefoniert. Pläne werden umgeworfen, Liebste zum Abschied auf die Stirn geküsst. Nichts ist mehr wichtig, nur, dass dieser Flug so schnell wie möglich starten und Hilfe bringen kann. In meinem Erinnerungs-Kinofilm spielt dazu ein Orchester eine euphorische, mächtige Hymne der Hoffnung.

Ich saß da in meinem Büro in der Berliner Redaktion, schrieb eifrig Checklisten, setzte immer mehr Häkchen und wurde mitgerissen von einer Welle der Hilfsbereitschaft. Ein typisches Telefonat: »Hallo, Daniel Böcking hier von der BILD. Man sagte mir, Sie koordinieren den Transport der Hilfsgüter von Süddeutschland nach Düsseldorf zum Flughafen?« »Ja, das wird alles sehr knapp.« »Oha, was ist denn los?« »Der LKW hat nicht alle Papiere zusammengekriegt. Aber machen Sie sich mal keine Sorgen! Wir schaffen das. Ein anderer Kollege ist jetzt schnell aus dem Feierabend reingekommen und fährt die Papiere hinterher.« Andere legten Kuscheltiere ihrer eigenen Kinder zur Ladung. Es war atemberaubend.

Innerhalb von Stunden waren 18 Tonnen Hilfsgüter quer durch Deutschland auf dem Weg zum Düsseldorfer Flughafen. 30 Helfer – von der Krankenschwester über den Apotheker, den Logistiker bis hin zum erfahrenen Notfallmediziner – hatten Blitz-Urlaub eingereicht und setzten sich Richtung Flugzeug in Bewegung. Was ich erst später begriff und was meinen Respekt weiter steigerte: Die meisten waren keine Vollzeit-Katastrophenmediziner. Sie hatten normale Jobs in ihren Kliniken oder Apotheken und gewiss für die nächsten Tage eigentlich andere Pläne gehabt, als mal eben in die Apokalypse zu fliegen. Ein Rückflug war nicht organisiert.

Eines meiner letzten Telefonate führte ich mit der christlichen Hilfsorganisation »humedica«. Der Verein aus Kaufbeuren ist auf die schnelle medizinische Katastrophenhilfe spezialisiert und hatte über sein Alarmierungs-Netzwerk einen großen Teil der Helfer für unseren Flug mobilisiert. In dem Gespräch ging es um letzte Details. Dem Geschäftsführer berichtete ich, wie sehr mich diese kompromisslose Hilfsbereitschaft überwältigt hatte. Er gab mir den endgültigen Stups, den ich noch brauchte: »Ja, Herr Böcking, sich für andere aufzuopfern erfüllt die Menschen. Es ist unser Auftrag. Warum steigen Sie nicht selbst in den Flieger? Sie sind jetzt schon mittendrin. Machen Sie die Erfahrung! Sie wird schlimm sein – aber auch unbeschreiblich wertvoll.«

Ich war damals bereits seit 13 Jahren bei BILD und hatte über so ziemlich alles berichtet. Von Bürgermeisterwahlen bis zu grauenhaften Morden, von Promi-Partys bis zu wochenlangen Recherchen in der Hamburger Terrorzelle nach den Anschlägen vom 11. September. Inzwischen hatte ich es mir aber im Innendienst recht gemütlich eingerichtet. Mein aktuelles Projekt war der strategische Umbau von BILD zu einer digitalen Marke. Ein Flug in die absolute Katastrophe war neu für mich. Ich flog mit.

Insgesamt waren wir ein Vierer-Team von BILD. Fotograf Benny, Kamerafrau Nicole für die Videos und Kai und ich als Reporter. Unsere Aufgabe: Wir sollten berichten, was die Helfer vor Ort leisten. Zeigen, wie die Spendengelder von »Ein Herz für Kinder« eingesetzt werden. Wie Leben gerettet werden, weil Menschen Gutes tun.

Gebete in der Katastrophe

Über die Dominikanische Republik kamen wir in einem Bus nach Haiti. Fast vier Tage dauerte die Anreise. Mal gab es Probleme am Zoll, dann machte der Wagen schlapp, dann war die Grenze zu. Ärzte, die schon seit Tagen vor Ort waren, meldeten sich immer wieder über Satelliten-Telefon: »Beeilt euch! Hier fehlt es an allem.« Als wir schließlich Port au Prince erreichten, wurden wir gemeinsam mit den Helfern von humedica und der deutschen Kindernothilfe in einer auf einem Berg gelegenen Schule untergebracht, die seit dem Beben zwar beschädigt und geschlossen war, aber auf dem Campus konnten die Teams ihre Zelte aufschlagen.

Die Schule sah aus wie eine typische amerikanische High School. Es gab sogar ein Fußball-Feld mit einer kleinen Zuschauer-Tribüne. Hier fanden die Team-Treffen und Planungen statt: Welche Gruppe hilft wo? Wo werden Ärzte am dringendsten gebraucht? Wir Reporter verabredeten, zunächst die Ärzte und Krankenschwestern von humedica zu begleiten und ihre Geschichten zu erzählen.

Es wurden schwer zu ertragende Geschichten. All das Leid, das wir sahen, verdient ein eigenes Buch. Mit den Medizinern fuhren wir gleich nach unserer Ankunft zu einem teilweise zerstörten Krankenhaus, das nur wenige Kilometer bergab lag, ganz nah am Zentrum von Port au Prince. Das »Hospital Espoir«, die Klinik der Hoffnung.

Seit dem Beben hatte es hier keinen geregelten Betrieb mehr gegeben. Angestellte waren tot, verletzt oder mussten sich um ihre toten oder verletzten Angehörigen kümmern. Das Gebäude – ein schmuckloser, dreistöckiger Bau mit einem kleinen Innenhof – war schwer beschädigt, ein Teil einsturzgefährdet. Über die Wände und die Decke des OP-Raums lief ein langer Riss, tief im Mauerwerk. Deutsche Helfer, die schon einige Tage zuvor angekommen waren, hatten versucht, das Krankenhaus wieder einsatzfähig zu machen. Zumindest ein bisschen. Aber es fehlte eben an allem. Hinter dem Gebäude lagen unter Plastikplanen mehrere Leichen. Ob diese Menschen während einer OP in diesen desaströsen Verhältnissen gestorben waren oder unmittelbar, als die Erde bebte? Wir wussten es nicht.

Ein deutscher krisen-erfahrener Professor, der hier bereits seit zwei Tagen im Einsatz war, zeigte uns Fotos auf seinem Handy: Er hatte Verletzte mit einem blauen Taschenmesser operiert. So eins, das man eigentlich in Rot kennt und das viel zu klein, zu unsteril, zu taschenmesserig ist, um damit ein Bein abzuschneiden. Aber genau das zeigten die OP-Fotos: eine Bein-Amputation. »Was sollten wir denn machen? Hätten wir die Beine nicht abgenommen, wären die Menschen tot. So haben sie eine echte Chance.« Das war das erste Mal, dass ich dachte, so muss es in der Hölle aussehen. Nach Schmerzmitteln oder Narkose fragte ich erst gar nicht.

Wir hatten die Wagen so vor der Klinik geparkt, dass wir im Fall eines Aufruhrs hätten flüchten können. Vor dem Eingang warteten Hunderte. Still und friedlich. Aber die schiere Masse der leidenden Menschen wirkte bedrohlich. Manche waren schwerst verletzt und konnten nicht stehen, sehr viele hatten Brüche. Verbogene Beine und Arme, leises Stöhnen, Wimmern. Das große Beben lag nun schon eine Woche zurück. Immer wieder folgte auf kleinere Nachbeben das eingeschüchterte Seufzen der Menschen. Immer wieder irgendwo ein spitzer Schrei. Aber die Verletzten harrten geduldig in ihrem Schmerz aus, standen an, um endlich Hilfe zu bekommen.

Die Freiwilligen aus Deutschland nahmen ihre Arbeit in der Klinik auf. Wir Reporter ebenfalls. Wir interviewten einen Mann kurz vor seiner Bein-OP. Er hieß Bertrand, war 40 Jahre alt, seine Frau und seine Tochter saßen neben seinem Bett. Sein Bein war unter einem Stein zermalmt worden. Offener Oberschenkelhalsbruch. Es musste amputiert werden. Wie schlimm sich die Wunde bereits entzündet hatte, wie verseucht sein Körper bereits war – das konnte man nicht sagen. Aber bei der ersten Sichtung, nachdem er sich ins Krankenhaus geschleppt hatte – bei der sogenannten Triage – hatte er eine rote Karte bekommen. Das hieß: schnell behandeln! Lebensgefahr! Andere hatten gelbe Karten bekommen: schwer verletzt. Lebensbedrohlich, muss aber nicht sofort behandelt werden.

Dann gab es noch die Karten, die in meiner Erinnerung schwarz waren. Später lernte ich, dass sie wohl blau gewesen sein müssen. Bis heute sprengt es meine Vorstellungskraft, wie sich die Menschen gefühlt haben müssen, die eine schwarze (oder eben blaue) Karte bekommen haben. Diejenigen, die in einem letzten Akt von Willenskraft den Weg ins Krankenhaus geschafft hatten, um dann so eine verdammte dunkle Karte zu bekommen.

Aus medizinischer Sicht ist dieses Kategorisierungssystem, die Triage, gleich bei der Patienten-Aufnahme total sinnvoll: Wenn es viel zu viele Verletzte gibt, kaum Material und kaum Ärzte, muss geklärt sein, wem zuerst geholfen werden muss. Aus Patientensicht heißt das: Rot = *Durchhalten! Es kommt gleich jemand.* Gelb = *Warten Sie, wir beeilen uns – aber da ist noch jemand vor Ihnen.* Schwarz (blau) = *Es tut uns leid, aber für Sie kommt jede Hilfe zu spät. Wir versuchen, ihr Leid auf dem Weg in den Tod zu lindern – aber Priorität haben andere, die noch eine Chance haben.*

Als ich einem Arzt sagte, dass ich mir kaum einen grausameren Moment vorstellen kann als den, die dunkle Karte überreicht zu bekommen, tröstete er mich: »Es gibt auch Fälle, die bei einer zweiten Sichtung auf Rot wechseln. Solche Wunder geschehen.« Danach schämte ich mich, dass ich derjenige war, der Trost in Anspruch nahm. Nein, schämen ist das falsche Wort. Ich kam mir schlecht vor. Ich hatte das Gefühl, von jemandem Rechtfertigung verlangt zu haben, der selbst schon oft diese absolut unmögliche Entscheidung hatte treffen müssen, um Leben zu retten. Bei mir spielte sich die Szene immer nur vor dem geistigen Auge ab: *Hier, Ihre Todeskarte.* Der Arzt erlebte es an diesem Vormittag im Hospital Espoir wieder und wieder mit eigenen Augen – und sah dabei in die Augen seiner Patienten.

Rote Karte für den Haitianer mit dem zerquetschten Bein. Damit war er einer der ersten, die in den OP kamen. Bis kurz davor war er ansprechbar, sogar gesprächig. Er erzählte von seinen Zukunftsplänen und dass er auch mit einem Bein seinen kleinen Laden weiter betreiben kann. Ich meine mich an ein angestrengtes Lächeln unter Schmerzen zu erinnern. An strahlend weiße Zähne in einem dunklen Gesicht. Natürlich gab er uns auch die Zitate, die wir für unseren Bericht brauchten: Er lobte die freiwilligen Helfer und dankte ihnen, dass er am Leben bleiben kann.

Wir verabredeten uns zu einem weiteren Interview nach der OP. Er wurde nach oben gebracht, um sein Bein amputiert zu bekommen. Wir gingen nach unten in den Innenhof, in ein kleines Zelt für die Helfer, um unseren Artikel zu schreiben.

Als ich die Frau schreien hörte, war mein erster Gedanke: »Scheiße! Unser ganzer Artikel handelt von dem geretteten Leben dieses Mannes. Wir haben nicht mehr viel Zeit bis zum Andruck der Zeitung. Was jetzt?« Das Schreien der Frau hörte nicht auf. Es tat mir weh. Nicht nur in den Ohren. Aber es brachte mich allmählich wieder zur Besinnung. Ich war entsetzt von meinem eigenen menschenverachtenden ersten Gedanken. Aber der war nun mal da gewesen in dem Moment, als das Schreien begonnen hatte. Es wuchs zu einem Brüllen. Das Brüllen rollte die Treppe hinunter, über den Innenhof, zu uns ins Zelt – blieb dort stehen und wuchs weiter an. Ein brüllendes Weinen, ein Jammern, ein Wüten. Und obwohl hunderte Verletzte in dieser Klinik waren, wussten wir sofort, dass hier die Frau trauerte, die eben noch mit uns neben dem Krankenbett gesessen hatte. Ihr Mann hatte es nicht geschafft. Die Entzündung hatte sich bereits zu tief in den Körper gefressen.

Es ist etwas anderes, ob man zahllose Leichen am Straßenrand sieht, deren Namen und Geschichten man nicht kennt – oder ob die Frau, deren Mann Bertrand du eben noch interviewt hast, weint-brüllt, bis dass die Zeit stehen bleibt. Der ständig präsente Leichen-Horror der großen Katastrophe knallte uns eigentlich nur einmal, ganz am Anfang, frontal gegen die Stirn wie ein heftiger Faustschlag, der durch einen Boxhandschuh gedämpft wird. Wir kannten die Toten ja nicht persönlich und sahen nur noch ihre Körper. Der Tod *unseres* Mannes im Krankenhaus kroch im Schrei seiner Frau von unten an uns heran, klammerte sich fest, krallte sich in unser Herz und hinterließ seelische Blutungen. Wir waren fix und fertig.

Später sprachen wir mit einem der Helfer, der bei der OP dabei gewesen war. Ein Arzt um die 40. Er hatte die Frau getröstet. Sie hatten wohl nie eine Chance gehabt, dieses Leben zu retten. Aber das konnten sie vorher nicht wissen. Er war traurig – aber auch wahnsinnig aufgeräumt, respektvoll, ruhig. Nichts von dem, was man immer wieder über Ärzte hört: kein Zynismus, auch keine Überforderung. Schon gar keine Distanz. Er war nicht der deutsche Arzt, der einen Fremden erfolglos operiert hatte. Nein, er kannte die Lebensgeschichte des Toten besser als wir. Er sprach über ihn wie über einen guten Freund.

Trotzdem hatte er diese Niederlage im Kampf um ein Leben hingenommen und in den Stunden danach weiter operiert. Er wusste, dass Ähnliches in den nächsten Tagen wieder passieren würde, und er war dagegen gewappnet. Er war innerlich stark. Friedlich. Er wusste, warum er hier war – und diese Berufung fragte nicht danach, wie es ihm ging. Er hatte einen Auftrag angenommen. Dass er nicht jeden retten konnte, war traurig und tat weh. Aber es gehörte zu seiner Verpflichtung.

Gern würde ich schreiben, dass ich hier lernte, welche Kraft Menschen aus dem Glauben ziehen können. Aber so war es nicht. Ich weiß nicht einmal mehr, ob der Arzt Christ war. Wahrscheinlich ist es, da humedica, die Hilfsorganisation, einen christlichen Hintergrund hat. Was ich aber lernte: Es gibt Menschen, die so uneigennützig in ihrer Hilfe sind, dass sie selbst dann in sich ruhen, wenn alle um sie herum verzweifeln. Einfach, weil ihre eigenen Gefühle nicht so wichtig sind wie das nächste Leben, das sie retten können. Und diese Ruhe und Kraft haben sie nicht nur für den Moment, weil sie nicht nur eine zeitlang Gutes tun, um dann wieder sie selbst zu sein. Sie selbst sind gut.

Ich traf viele dieser guten Menschen in der Hölle von Port au Prince. Mit einem Mitarbeiter der Kindernothilfe liefen wir über ein Trümmerfeld hoch oben in den Bergen, das mal eine Schule gewesen war. Unter unseren Schuhen die Steinsbrocken der Klassenzimmer. Unter den Steinen noch über 150 tote Kinder. Micky-Maus-Bilder und Fetzen von Schulheften flatterten über die Betonbruchstücke, bunte Riemchen-Sandalen und Turnschuhe lagen herum. Drei Jugendliche liefen hin und her, riefen sich etwas zu – zogen dann eine weitere Kinder-Leiche aus dem Schutt, um sie fortzubringen. Hinter dem Schuttwall brannte ein Feuer. Wir rochen den Tod. In der Stadt trafen wir Mütter, die ihre Kinder verloren hatten, Kinder, die um ihre Mamas weinten. Überall Leichen, Not, Elend, Verzweiflung. Wir lernten, dass wir den Durstigen auf den Straßen und in den Notlagern nichts aus unseren Wasserflaschen geben durften, die wir am Gürtel trugen. Wir riskierten damit einen Menschenauflauf. Und Durst macht aggressiv. Wir taten es dennoch immer wieder heimlich. Die anderen Helfer auch. Zumindest das ging gut aus.

Nachts schliefen wir in dünnen Schlafsäcken auf dem Flachdach des ehemaligen Hausmeister-Bungalows. Er lag auf der anderen Straßenseite der Schule, in der die Hilfsorganisationen untergebracht waren. Von hier schrieben wir unsere Berichte für BILD: Online, Zeitung, Twitter, Fotos, Videos, Texte. Wir waren noch weit nach Mitternacht beschäftigt. Und irgendwann begannen immer die Gesänge.

In der ersten Nacht erschien uns das fremde, melodische Murmeln noch unheimlich. Übersetzer erklärten uns, dass die Menschen sich zu Messen träfen, beteten und gemeinsam sängen. Hier und da sah man Feuerschein im dunklen Himmel leuchten. Die gesungenen Gebete kamen mal aus der einen Richtung, mal aus der anderen, mal aus mehreren gleichzeitig.

Es wurde viel gebetet. Auch unter den deutschen Helfern. Viele von ihnen trafen sich noch vor dem Frühstück an der kleinen Steintribüne neben dem Fußballfeld der Schule, um kurz unter dem morgen-grauen Himmel gemeinsam zu Gott zu sprechen.

Ich machte auch irgendwann mit. Ich fühlte mich den Helfern verbunden, wie Komplizen in einem Kampf gegen das totale Leiden – auch wenn ich nur berichtete und sie wirklich Leben retteten. Ich war fasziniert von ihrer Geduld, Freundlichkeit und Gelassenheit in dieser Trostlosigkeit. Faszination ist in diesem Zusammenhang ein komisches Wort. Aber es passte. Bewunderung wäre auch nah dran. Aber das setzt voraus, dass ich zu ihnen aufgesehen hätte. Ich sah nicht zu ihnen auf, weil sie mir nicht das Gefühl gaben, dass ich unter ihnen stand.

Die Gebete waren gut. Sie taten gut. Sie kamen mir vor wie ein Kreis. Ein Kreis, der uns verband. Harmonisch, ohne Ecken. Eine perfekte Form an einem Ort, an dem sonst alles zerrissen, zerklüftet und ruiniert war. Jeder konnte in diesem Gebetskreis sagen, was er wollte. So weit war ich noch nicht. Ich hörte zu. Es waren andere Gebete als die, mit denen ich groß geworden war. Keine auswendig gelernten Reimchen, kein gedankenlos heruntergeblubbertes Vater Unser. Jeder sprach zu Gott, über das, was ihn beschäftigte. Jeder bat um das, was ihm wichtig war. »Herr, danke, dass wir helfen können, dieses Leid zu lindern«, »Bitte gib uns auch heute wieder die Kraft, durchzuhalten und für die anderen Menschen da zu sein«, »Bitte ermögliche es unseren Kollegen, heute mit dem Nachschub die Grenze zu passieren«. Keiner fragte Gott, warum er dieses Beben nicht verhindert hätte. Niemand stellte die sonst so häufig auftauchende Frage: Warum lässt Gott all das Leid zu?

Diese Frage hatte auch in meinem Bekanntenkreis immer wieder dazu geführt, dass sich Leute vom Glauben abgewendet hatten oder ihn von vornherein ablehnten. Ich erfuhr in diesen Gebetsmomenten noch nicht die Antwort darauf. Ich lernte in diesen ruhigen Morgenstunden, kurz bevor es wieder raus in die Hölle ging, dass es gar keine entscheidende Rolle spielt, wer warum Leid zulässt. Ziel unserer Gebete war es nicht, Gott jetzt und sofort und in allen Facetten zu verstehen oder ihn zur Rede zu stellen. Ziel war es, dafür zu danken, dass wieder ein Mensch gerettet werden konnte, und dafür, dass wir hier zusammenkommen und beten konnten – sorgenfrei im Vergleich zu dem Chaos außerhalb unserer von bewaffneten Wachmännern beschützten Schulmauern.

Wir brachten unsere Probleme und Sorgen im Gebet vor Gott. Die einen in Worten, die anderen (ich) in Gedanken. Wir tankten auf. Wir beteten für die Verletzten und die Trauernden. So, wie es sicher auch die Menschen von Port au Prince in der Nacht zu Tausenden an den Feuern in den Trümmern getan hatten. Und der gute Gott, der sich nie an Menschenleid erfreuen würde, ließ uns spüren, dass wir gemeinsam auf diesem Weg gingen.

Es war das erste Mal, dass ich Gott in Gedanken als »guten Gott« wahrnahm. Früher war er der »liebe Gott« für mich gewesen. Das kam gewiss aus der Kindheit und gab ihm so etwas Mildes, Verständnisvolles. *Komm, setz dich auf den Schoß vom lieben Gott – dann wird schon alles gut ...* Später fürchtete ich ihn als strafenden Gott, dann kam er mir vor wie ein sehr gleichgültiger, alles hinnehmender Gott und immer öfter sogar wie ein blasser, leiser Gott, der für mich kaum noch wahrnehmbar war. Hier war er der gute Gott. Der Morgen war noch grau und kalt, wir saßen auf den Steintreppen – und ich hatte das Gefühl, ich könnte mich zur Seite lehnen, wo niemand war, um mich bei Gott anzulehnen und Halt zu bekommen.

Diese Gebete wurden für mich das Wichtigste, keines wollte ich mehr verpassen, auch wenn das meine Nachtruhe manchmal auf nur zwei Stunden zusammenkürzte. So ein gemeinsames Innehalten vor Gott war kein Lichtstrahl, der urplötzlich durch die Katastrophen-Wolken über Port au Prince brach und mich erleuchtete. Es waren warme, wohlige Augenblicke. Ich fing an, die christlichen Männer und Frauen um mich herum besser zu verstehen. *Erdbeben passieren. Werden wieder passieren. Aber Gott, unser guter Hirte, so hätte ich ihn damals vermutlich noch nicht genannt, ist trotzdem immer da und gibt uns die Stärke und die Freiheit zur Barmherzigkeit, zum Mitleid, zur Nächstenliebe.*

Jede Nacht wurden es mehr Feuer in der Stadt, an denen sich die Menschen versammelten.

Je mehr ich darüber nachdachte, desto mehr war ich über mich selbst verwundert: Ich fühlte mich wohl in Haiti. Ich nahm das alles als eine gute Erfahrung wahr. Der Anblick von Leichen und die Schmerzensschreie in den Krankenhäusern hinterließen ihre Spuren. Aber ich war gern hier. Gern hier mit Menschen, die nichts wollten, außer das Leben von anderen besser zu machen. Die oft dabei scheiterten, noch häufiger aber Erfolg hatten. Allein im Hospital Espoir hatten sie in den ersten sechs Tagen 132 Menschen gerettet, die in dem Beben lebensgefährlich verletzt worden waren (ja, das wurde tatsächlich alles genauestens protokolliert).

Später schrieben wir für BILD unsere bewegendsten Eindrücke aus dieser Zeit auf. Der sterbende Mann, mit dem wir gerade noch über eine gute Zukunft gesprochen hatten. Die 150 toten Kinder in ihren zertrümmerten Klassenzimmern. Für mich waren es die Helfer aus Deutschland. Und zwar nicht nur, weil sie Übermenschliches leisteten. Vor allem, weil sie einen Alltag hatten, der meinem gewiss ähnelte – sie es aber dennoch geschafft hatten, auf ihre eigenen Ziele zu pfeifen und alle Pläne über den Haufen zu werfen, als es darum ging, für andere Menschen da zu sein, völlig selbstlos. Sie taten es gern, aus freiem Herzen. Nicht wie ich, um sich selbst zu beruhigen. Es ging ihnen nicht um Geben und Nehmen, nicht um gute Taten, um einer Strafe zu entgehen, oder darum, vor anderen prahlen zu können. Zuhause erwarteten sie oft statt Schulterklopfen Sonderschichten und Überstunden. Schließlich hatten zurückgebliebene Kollegen in Deutschland spontan ihre Dienste übernommen. Das mussten sie nach ihrer Rückkehr wieder ausgleichen. Dennoch fanden sie Erfüllung in ihrem Dienst für andere, sie opferten sich mit Freude auf. So wie Jesus es getan hatte, taten es viele von ihnen hier im Namen von Jesus.

Jesus? Der hatte für mich bis zu diesen Tagen in Haiti kaum eine Rolle gespielt. Umso neugieriger machte er mich jetzt. Ich wollte mehr über diesen Glauben an Jesus Christus erfahren, über das wirkliche Christ-Sein. Ich hatte eine Fußspitze vorsichtig auf einen neuen Weg gesetzt. Der Boden dieses Weges fühlte sich gut und sicher an. Trotzdem dauerte es noch bemerkenswerte zweieinhalb Jahre und ein Gebet, bis ich wirklich losrannte zu Jesus.

Das Ende der Belanglosigkeit

Vielleicht waren es das Leid und die Kraft der anderen, die mich 2010 endlich, wenn auch sehr langsam, zu den richtigen Fragen führten. Dieses Jahr war ein besonderes für mich. Kein glattes Dahinleben wie bisher – auch wenn ich nur Beobachter der Katastrophen war und nicht selbst Opfer.

100 Tage nach dem furchtbaren Beben reisten wir erneut nach Port au Prince, um zu berichten, wie die Hilfsmaßnahmen Früchte trugen. Unter anderem war mithilfe der Spendengelder von »Ein Herz für Kinder« eine Prothesenklinik errichtet worden. Die Bebentrümmer hatten abertausenden Haitianern die Arme oder Beine zerquetscht. Während unserer ersten Tage am Ground Zero von Haiti war im Akkord amputiert worden. Nun bekamen diese Menschen Prothesen. Und sie strahlten fröhlich und viele dankten Gott für dieses Geschenk. Sie waren Opfer – aber dankbar und glücklich.

Wieder trafen wir auf die Helfer von humedica und der Kindernothilfe aus Deutschland. Es gab längst keine Aufmerksamkeit mehr für sie in der Presse, der Hauch von Gefahr und finsterem Abenteuer war lange verflogen. Trotzdem machten sie weiter, denn ihre Hilfe wurde gebraucht. Immer wieder flogen neue Mediziner, Apotheker, ehrenamtliche Koordinatoren ein, blieben, solange es der Jahresurlaub ihres Jobs in Deutschland erlaubte, und ließen sich von der nächsten Gruppe ablösen. Erneut wuchs meine Bewunderung für dieses stille, uneigennützige Gutes-Tun. Für diese Stärke und die Geduld, die aus unbegreiflichem Leid und Barmherzigkeit wuchsen.

Nur drei Monate später machte ich die nächste einschneidende Erfahrung: Im Juli 2010 bekam ich den Auftrag, ein Video-Projekt mit der Loveparade zu betreuen. Wir konnten das Party-Spektakel live auf BILD.de übertragen. Ich sollte den Sendungs-Ablauf für unsere Website koordinieren. Also reiste ich am 23. Juli nach Duisburg, um einen Tag später neben den TV-Profis im Regieraum die Techno-Sause zu verfolgen und einige Interviews für die Artikel auf BILD.de zu führen. Es war ein sehr angenehmer Job, eher ein Urlaubstag. Von TV-Produktionen hatte ich wenig Ahnung und war eher – sagen wir mal – zu repräsentativen Zwecken dort. Hin und wieder wichtig gucken und sichergehen, dass die Übertragung lief. Im Zweifelsfall jemanden fragen, der sich technisch damit besser auskannte als ich.

Das kleine Studio lag direkt hinter dem VIP-Bereich – und in der Promi-Zone selbst konnte man am All-you-can-eat-Buffet von Mc Donald's mühelos Olli Pocher oder Wladimir Klitschko einige passende Zitate abringen. Gleichzeitig hatte ich von hier einen grandiosen Blick über das Festgelände des alten Duisburger Güterbahnhofes und konnte gemütlich rumlümmelnd die Techno-Trucks beobachten, die ihre Runden drehten – begleitet von kunterbunten, hüpfenden Menschen, die zu den Bässen zappelten und zuckten. Die Sonne schien. Karnevalsfröhlichkeit im Sommer.

Gegen Nachmittag stand ich gerade neben dem Produzenten in der Regie-Kammer, als sich ein Funkgerät knackend meldete. Mitarbeiter murmelten »Ach, du Scheiße« und die Stimmung wurde hektischer. Anspannung. »Was ist denn los?«, fragte ich. »Wir wissen es auch nicht genau. Irgendwas muss am Eingangstunnel passiert sein. Leute sind gestürzt. Vielleicht sogar ein Toter.« Mehr wusste zu diesem Zeitpunkt noch niemand.

Ich machte mich sofort auf den Weg. Durch diesen engen Eingangstunnel, exakt am anderen Ende des riesigen Loveparade-Platzes, hatte ich mich erst wenige Stunden zuvor geschoben. Ich wusste also, wie eng es dort war, trotzdem wäre mir nie in den Sinn gekommen, was sich hier gerade abgespielt hatte. Dass es eine Massenpanik gegeben hatte. Selbst wenige Meter vor der Rampe, die abwärts in den Tunnel führte, tanzten die Menschen noch, tranken, feierten. Fast wäre ich umgekehrt. Vielleicht war einfach jemand umgekippt. Kreislauf und so. Vielleicht hatte jemand den Funkspruch falsch verstanden oder mich an die falsche Stelle geschickt. Ich ging trotzdem weiter. Raus aus der Partymeute, den Weg abwärts Richtung Ausgang.

Die Menschentrauben wurden kleiner. Rechts und links von mir die Wände der Rampe, an deren Fuß in beide Richtungen der schmale, dunkle Tunnel abging. Der einzige Zugang zur Loveparade. Meine Augen waren zu schnell für meinen Kopf. Meine Augen sahen Kleiderhaufen auf dem Asphaltboden nah der Wände, in denen Körper steckten. Kleiderhaufen mit Händen und Füßen. Mein Kopf kam nicht klar mit der Erkenntnis, dass hier tote Menschen lagen.

Viele. Sanitäter kümmerten sich um Verletzte und Erschöpfte. Es war erstaunlich ... ruhig ... hier. Erstaunlich wenig Menschen. Erstaunlich wenig Lachen und Feixen, wie sonst überall. Aber auch keine Katastrophen-Atmosphäre. Keine zuckenden

Blaulichter oder Megaphon-Ansagen. Einige junge Frauen lagen sich in den Armen. *Weinen die?* Ich begriff noch immer nicht. *Tote liegen nicht einfach so, kaum beachtet, auf dem nackten Boden am Fuße einer gigantischen Party.* Ganz, ganz langsam setzte sich das grauenhafte Bild auch in meinem Kopf zusammen.

Doch. Da lagen Leichen. Es hatte sie noch keiner abtransportiert, weil es gerade erst passiert war. Sanitäter und Ärzte hockten bei dem einen oder anderen, resignierten, kümmerten sich dann wieder um Verletzte. Erst jetzt, Minuten später, schoben Feuerwehrleute Bauzäune als Sichtschutz vor die Toten. Nicht einmal 50 Meter entfernt, oben an der Rampe, tanzte das Partyvolk weiter. Sie hatten es nicht mitbekommen. Durch das Gefälle war es außerhalb ihrer Sicht-, durch die hämmernden Bässe außerhalb ihrer Hörweite.

Ich erinnere mich nicht mehr an sehr viel von den Stunden danach. Ich irrte umher, fragte den einen, ob ich helfen könnte, den anderen, was genau passiert sei. Eine geschockte Frau presste sich einen Rucksack vor den Bauch. »Der gehört einem Freund«, sagte sie. »Den Rucksack hab ich hier gefunden, ihn nicht.« Ich machte meinen Job als Reporter, sprach mit Augenzeugen, Loveparade-Mitarbeitern. Immer mehr Ärzte und Helfer waren da, immer mehr Polizei, immer mehr Journalisten. Erst war von einigen Toten die Rede, dann von über zehn. Am Ende waren es 21 junge Loveparade-Besucher, die in dem Pfropfen aus schiebenden, drängelnden Leibern zu Tode getrampelt und gequetscht worden waren. Über 500 waren verletzt worden.

Die Loveparade lief weiter. Doch ich hörte die Musik nur noch dumpf und fern im Hintergrund. Als hätte mir jemand Watte in die Ohren gestopft. Ich war komplett mit mir selbst beschäftigt, die Bilder und die Geräusche von außen dimmte mein Kopf herunter. Natürlich hatte ich schon früher Tote gesehen. Als Polizei-Reporter in Hamburg, in den Tagen in Haiti. Dennoch war dies etwas anderes. So direkt, nachdem es geschehen war. So absolut unerwartet im Gegensatz zu all den Unglücken, bei denen ich schon vor der Abfahrt aus der Redaktion ahnte, was mich ungefähr erwartete. So nah an mir dran, so unmittelbar.

Dieser leicht benommene Zustand hielt noch an, als ich irgendwann in der Nacht bei Freunden auf dem Gästebett zur Ruhe kam. Ich wälzte Gedanken hin und her, versuchte, das Ausmaß der Katastrophe einzuordnen, dachte an die vielen Eltern, die jetzt gerade auf einen erlösenden Anruf von ihren Kindern warteten: »Keine Sorge, wir sind gesund und munter nach Hause gekommen.« Viele erhielten diese Nachricht nicht. Ich ertrug den Gedanken kaum, dass Handys in den Taschen der Toten klingelten, weil Freunde oder die Mutter versuchten, sie zu erreichen.

Ich fragte mich, was der Loveparade-Veranstalter Rainer Schaller wohl gerade tat und wie es ihm gehen mochte. Wochen zuvor hatte ich ihn als einen sehr netten, sehr verbindlichen Mann kennengelernt, der mir auf Anhieb sympathisch war. Noch am Nachmittag hatten wir uns getroffen und uns bei bester Laune und ebenso gutem Wetter unterhalten. Ob er nun Schuld an diesem gewaltigen Unglück hatte – diese Frage ging mir noch gar nicht durch den Kopf. Viel mehr versuchte mein Gehirn zu verarbeiten, wie es möglich ist, dass in einem so kurzen Moment so mächtiges Leiden über so viele Menschen kommen kann.

Ich weiß nicht mehr, ob ich mich in diesen Stunden an Gott wandte und ihn um Beistand oder Trost bat. Aber dieser Tag hat etwas in mir ausgelöst. Er hat mein Inneres aufgeraut. Da wo vorher alles glatt, zu glatt, war und wo es kein Innehalten mehr gab, kein Bedauern, nur ein fröhliches Voranschliddern ohne echte Richtung, ohne Sinn, ohne Pause, belanglos – da war es plötzlich kratzig, uneben, aber damit auch griffig. Eindrücke blieben hängen und glitten nicht länger hier rein und im nächsten Moment da wieder raus. Sie verlangten Aufmerksamkeit, Reflexion, Lösung. Dabei ging es nicht mehr nur um mich und wie ich wohl von etwas profitieren könnte – und sei es mit einem guten Gewissen durch eine gute Tat. Meine eigene sorglose, Ich-bezogene Oberflächlichkeit hatte Risse und Löcher bekommen. Und damit auch mehr Tiefe.

In Haiti hatte ich einen Vorgeschmack darauf bekommen, wie kraftspendend gemeinsame Gebete sein können. Trotzdem war ich danach schnell wieder zu meinen alten Ritualen zurückgekehrt. Oft gar kein Gebet. Wenn doch, dann meist nur aus Pflichtbewusstsein einige Phrasen flink geflüstert. Das Vater Unser konnte ich in zwei Atemzügen durchseufzen. Ausatmen: Vaterunserimhimmelgeheiligtwerdedeinnamedeinreichkommedeinwillegeschehe … Einatmen: wieimhimmelsoauferdenunsertäglichesbrotgibunsheuteundvergibunsunsereschuldundsoweiter …

In der Zeit nach der Loveparade änderte sich das. Nicht schnell, aber nach und nach. Ich begann, mit Sinn und Verstand und wachem Geist zu beten. Ich konzentrierte mich auf das, was ich da stumm zu Gott sprach. Gott hatte eine Verbindung hergestellt. Keine Reimchen und auswendig gelernten Floskeln mehr von mir. Stattdessen echte Gedanken, Sorgen, Wünsche, Dankesworte. Eine Antwort hätte ich nie erwartet. Vielleicht war es mehr Meditation als Gebet. Ganz klar Monolog statt Dialog. Ein Einbahnstraßen-Murmeln. Aber es gab mir Ruhe. Es war ein Anfang.

Das Wunder in der Wüste

In einer Nacht im August, einen knappen Monat nach der Loveparade-Katastrophe, bekam ich eine Eilmeldung per Push-Nachricht auf mein Handy geschickt: 33 Bergleute waren 17 Tage zuvor in der Atacama-Wüste im Norden Chiles in einem Bergwerk verschüttet worden. Seitdem hatten Helfer hunderte Meter tief in den Stein gebohrt, um Hohlräume zu entdecken und Kontakt zu den Männern aufzunehmen. Das war gerade gelungen! Die Bergmänner waren wohlauf und hatten eine Nachricht an dem Bohrkopf befestigt: »Uns 33 im Schutzraum geht es gut.«

Noch 52 weitere Tage würden die »Mineros« in der Tiefe ausharren müssen. Die meiste Zeit davon wartete ich ganz in der Nähe, 700 Meter über ihnen, gemeinsam mit den Angehörigen auf ihre Rettung. Mein Chef hatte mich kurz nach der Eilmeldung der Presseagenturen dorthin in die Wüste geschickt, um eine der spektakulärsten Rettungsaktionen der Geschichte zu begleiten. 33 Männer, gefangen unter einem gewaltigen Fels, abgemagert, geschwächt, viele mit Atemproblemen – aber quicklebendig und fest entschlossen, da raus zu kommen.

Ihre Verbindung nach oben war eine enge Röhre, durch die sie Lebensmittel und Nachrichten erhielten. Über Tage hatten sich Freunde und Verwandte eingerichtet. Eine kleine Zeltstadt der Hoffnung. Wir Reporter verharrten mit ihnen – und wurden in den langen Tagen des Wartens Freunde und Vertraute. Die Eltern erzählten ihren Jungs unten im Berg in Briefen von uns. Sie sendeten Grüße zurück. Wenige Tage vor der Rettung bekam ich meine eigene Nachricht aus der Tiefe von Mario Gomez, dem ältesten der Verschütteten. Er bedankte sich für die Anteilnahme und die Aufmerksamkeit. Spätestens da hatten wir die Grenze überschritten zwischen sachlicher Berichterstattung und ganz enger, emotionaler Verbundenheit mit den Eingeschlossenen und ihren Angehörigen.

Wenn ich heute die Geschichten nachlese, die ich damals für BILD von dem Grubenunglück schrieb, und die Nachrichten, die ich auf Twitter postete, fällt mir auf, wie häufig ich das Beten erwähne: »Wir haben gehofft, gebangt und gebetet.« Der Glaube spielte in diesen Wochen an der Mine eine zentrale Rolle. Marienstatuen standen vor den Zelten, es wurden Gottesdienste gefeiert. Oft gab es Rückschläge, Bohrköpfe brachen, man wusste nicht, wie lange die Männer noch aushalten werden. Oft gab es Tränen und Verzweiflung. Aber es herrschte keine Atmosphäre der Angst. Die Hoffnung war immer greifbar. Es wurde viel gelächelt. Man machte sich gegenseitig Mut.

Dieses Gottvertrauen, so erfuhren wir später, führte auch die 33 Verschütteten durch die 69 Tage unten im Berg. Minenarbeiter Osman, den wir drei Tage nach seiner Rettung interviewten, erzählte von dem ersten klaren Satz, der nach der Orientierungslosigkeit und der Hektik, die dem Grubeneinsturz gefolgt waren, im Schutzraum gesprochen worden war: »Mario Gomez, der Älteste, sagte: ›Freunde, jetzt ist es Zeit zu beten. Herr, hilf uns, dies zu überstehen!‹« Alle haben unverletzt überlebt. Zeitungen, Fernsehsender, Retter, die Bergleute und ihre Familien nannten es ein Wunder.

Nun könnte man meinen: *Schwupps! Bekehrt! Fertig! Innerhalb weniger Monate Katastrophe, Hoffnung, Gottvertrauen, Leid, Gebete und Rettung erlebt – das ist der Stoff, aus dem die Umkehr zu Gott gemacht ist.* Im Kopf hätte das vielleicht funktionieren können. In vielen, vielen Stunden des Nachdenkens war mir Gott näher gekommen, als er es all die Jahre zuvor gewesen war. Doch mein Herz und meine Seele wussten ja noch kaum etwas über denjenigen, zu dem ich mich plötzlich mehr und mehr hingezogen fühlte. Wie hätte ich in ehrlicher Überzeugung den Weg finden können, wenn mir das Ziel noch fast völlig fremd war?

Kopf: *Hab mich – glaube ich – entschieden! Auf geht's! Auf zu Gott!*

Herz: *Langsam! Wenn's um Liebe geht – auch um die Liebe zu Gott – übernehme ich! Das ist keine Kopfentscheidung!*

Kopf: *Aber Gott hat dich doch zuerst geliebt und dich eingeladen! Also los!*

Herz: *Ja! Aber ich kenne ihn doch gar nicht. Wie soll ich mich da – sagen wir mal spaßeshalber – Hals über Kopf mit Haut und Haaren so tief in ihn verlieben, dass ich alles, wirklich ALLES, ihm unterwerfe?*

Kopf: *Okay ... Dann machen wir es eben in deinem Tempo ...*

An der Grenze zum Glauben

Der Alltag übernahm wieder mein Leben. Pickepackevoll mit Arbeit, Freunden, Partys und schließlich auch noch mit der lang ersehnten Schwangerschaft meiner Sophie. Immerhin glimmte dennoch weiterhin dieses Fünkchen in mir, dass ich etwas verändern wollte. Es war sogar mehr als ein Fünkchen. Es war ein fester Wunsch. Fast schon ein Vorsatz.

So sehr, wie ein kleiner Junge Feuerwehrmann oder Astronaut werden möchte, so sehr wollte ich seit diesen Erfahrungen in Haiti, auf der Loveparade und in Chile ein Helfer werden. Nach wie vor beeindruckten und bewegten mich am heftigsten die Erinnerungen an die Männer und Frauen, die wir in Port au Prince begleitet hatten. An den Unterschied, den sie mit ihrem Dienst für und an anderen Menschen gemacht hatten – während ich so oft nur mein eigenes Gewissen damit in Watte hatte packen wollen.

Vor kurzem las ich in einer Andacht den schönen Satz eines Theologie-Professors: »Im Zweifel ist die Nächstenliebe dem Gottesdienst vorzuziehen.« Das schrieb er nicht einfach so – sondern stützte sich dabei auf Passagen der Bibel, in denen der wahre Gottesdienst genauso beschrieben wird: als ein selbstloser

Dienst an anderen Menschen. »Wer unter euch groß werden will, soll den anderen dienen; wer unter euch der Erste sein will, soll zum Dienst an den anderen bereit sein.« (Matthäus, 20, 26-28)

Dieses göttlichen Auftrags war ich mir damals noch nicht bewusst. Mir schwante zwar, dass in diesen ruhigen, friedvollen Gebets-Momenten in Haiti und in Chile Gott irgendwie präsent gewesen war. Aber ich schielte zunächst nach dem Näherliegenden: Wenn ich es super fand, wie diese Helfer ihr Leben mit Sinn erfüllten, dann könnte ich doch einfach selbst so einer werden!

Da ich mich zwar für einen Tausendsassa hielt, aber dennoch selbstkritisch eingestehen musste, dass meine Fähigkeiten kaum für einen Einsatz als medizinischer Helfer reichen würden, entschied ich mich für eine Ausbildung zum Krisenteam-Koordinator bei der schon erwähnten Hilfsorganisation humedica, mit der wir so aufrüttelnde, aufreibende, wundervolle Erfahrungen im Beben-Chaos gemacht hatten.

Jedes kleine Mediziner-Team, das unmittelbar nach einer Katastrophe losgeschickt wird, braucht nämlich einen Koordinatoren: Jemanden, der die Unterkunft organisiert, Kontakt zu den Behörden und anderen Hilfsorganisationen hält, die Finanzen im Blick hat, für Verpflegung sorgt und zum Beispiel Lebensmittel-Verteilungen organisiert. Mit meinem Chefredakteur hatte ich es schon genau abgesprochen: Er würde mich ein oder zwei Mal im Jahr von heute auf Morgen mit einem Retter-Team starten lassen. Im Gegenzug würde ich versuchen, in freien Minuten von dort Berichte für BILD abzusetzen. Deal! Einmal im Jahr konnte man sich innerhalb einer Woche in einem Camp für solche Einsätze als Krisen-Koordinator schulen lassen.

Wegen der Geburt unserer Tochter Elsa ließ ich ein Training ausfallen, doch ein Jahr später, im September 2012, war es dann endlich so weit: acht Tage Trainingscamp im Allgäu. Unser Lager bei Kaufbeuren bestand aus drei großen Zelten am Waldrand und einem Gemeindehaus ein paar Meter weiter für Seminare und Vorträge. Hier sollten wir also alles lernen. Von dem kleinen Einmal-Eins der Buchhaltung und Logistik über Krisenmanagement bis hin zu Evakuierungsplänen, UN-Spielregeln und Verhaltensgrundsätzen.

Am ersten Abend saß ich mit etwa 20 größtenteils jungen Leuten zwischen 20 und 35 Jahren an einer langen Tischreihe im Gemeindehaus bei Graubrot, Aufschnitt und Kamillentee. Rechts neben mir schmierte sich Christian seine Stulle. Christian hieß bestimmt so, weil Mama und Papa schon vor seiner Geburt wussten, dass er Christ wird. Seine Eltern arbeiteten als Bibel-Übersetzer (wenn ich mich richtig erinnere, damals in irgendeinem postsowjetischen Staat, in dem es offenbar noch keine Bibel in Landessprache gab). Solche Leute, das erschien mir nur logisch, vergaben Namen nicht ohne irgendeine tiefere Absicht. Und Christian war sowas von Christ!

Er redete am liebsten ohne Punkt und Komma über den allmächtigen Gott und seinen eigenen festen Glauben. Und ging mir damit enorm auf die Nerven! Warum? So genau wusste ich das auch nicht. Mir ging es aber auf den Keks, dass da jemand fest überzeugt war, die Wahrheit gepachtet zu haben. Gern hätte ich etwas über meine eigenen kümmerlichen Gotteserfahrungen erzählt, um in dieser christlichen Runde zu punkten. Aber mit Christian konnte man einfach nicht mithalten. Okay, ich war nicht nur genervt, sondern vielleicht auch etwas eifersüchtig.

Aktuell referierte Christian darüber, dass er schon einmal als Helfer mit einer Gruppe junger Männer irgendwo in Afrika gewesen sei. Ich glaube, es war der Sudan. »Warum Afrika?«, wollte ich wissen. »Wir haben unseren Auftrag von Gott bekommen. Wir saßen Monate vorher zusammen und haben darüber gebetet, dass Gott uns sagt, wo wir helfen können ...« Hö? Moment! DARÜBER GEBETET? Laut sagte ich: »Aha. Und dann hat Gott ›Sudan!‹ gerufen?« »Nein, nein, Daniel!« Christian lächelte milde und christlich verständnisvoll. »So funktioniert das doch nicht.« Ich sparte mir weitere Nachfragen, weil ich sicher war, dass ich ausflippen würde, sobald er mir erklärte, wie es denn wirklich seiner Meinung nach funktioniert.

Das war mir etwas zu durchgeknallt. Er nervte mich wirklich und ich empfand es als anmaßend, dass er offenbar glaubte, ein Gespräch mit Gott führen zu können. Waren alle anderen nur zu doof dazu? Beten, okay. Aber ÜBER etwas beten – so wie man über etwas diskutiert – und von Gott eine Antwort bekommen? Mein Gott hatte bis dato noch nie mit mir geredet. Hab ich auch nie von ihm erwartet.

Zum Glück gab es auch noch Marie. Ende 20, lange, braune Haare, freundliche Augen. Typ: grundguter Mensch. Sitzplatz beim Abendessen: glücklicherweise ebenfalls direkt neben mir, auf der anderen Seite. Da fiel es mir leicht, mich zu ihr zu drehen und aus unserem Gruppen- ein Zweiergespräch zu machen.

»Ich will ja nichts sagen: Aber ist dir dieser Christian nicht auch etwas suspekt?«

»Wieso?«

»Weil er über etwas betet und eine Antwort bekommt!«

»Betest du nicht, wenn du Fragen oder Probleme hast?«

»Öhm. Naja. Schon. Ich erzähle da manchmal etwas im Gebet. Ich bitte auch öfter um etwas. Aber ich bete ja nicht MIT Gott, sondern ZU Gott. Meist abends im Bett. Ist das falsch?«

Dieses Gespräch lief mir irgendwie aus dem Ruder. Aber Marie hatte so eine offene, ruhige, angenehme Art, dass es mir leicht fiel, ihr zuzuhören. Sie ruhte in sich selbst und war so gelassen und sicher mit ihren Worten, dass ich mehr von ihr hören wollte.

Die ganze Woche über suchte ich immer wieder das Gespräch mit ihr, weil sie mich immer wieder überraschte und mir neue Impulse gab. Es ist das Eine, die Bibel als »Gottes Wort« zu bezeichnen. Es ist etwas ganz Anderes, die Bibel als »Gottes Wort« zu leben. Marie tat und tut bis heute genau das. Sie würde mich jetzt vermutlich korrigieren und sagen: »Ich versuche es. Aber ich werde es nie erfolgreich und vollständig tun können, weil der Mensch ein Sünder ist.« Was mir am Anfang noch abgefahren und teils leicht verstrahlt sympathisch, teils irritierend schräg vorkam, fügte sich nach und nach zu einem stimmigen Puzzle zusammen. Teilchen für Teilchen.

Und die einzelnen Teilchen waren wirklich ausgefeilt: Beim Beten, zum Beispiel, setzte Marie grundsätzlich eine Mütze auf. Warum? Die Antwort findet sich im ersten Korinther-Brief, Kapitel elf, Vers fünf: »Eine Frau hingegen entehrt ihr Haupt, wenn sie ohne Kopfbedeckung betet.« Marie nahm es wirklich sehr genau. Das klingt erstmal sehr anstrengend. Aber die Wahrheit war: Marie war tiefenentspannt.

Je mehr ich darüber nachdachte, desto logischer erschien mir das auch. Noch nicht für mich nachvollziehbar, aber irgendwie logisch: Sie musste sich viel seltener einen Kopf machen, was zu tun war. Die Antworten auf fast alle Fragen fand sie in der Bibel. Wie soll ich mich verhalten? Was sollten meine Werte sein? Wofür bin ich selbst zuständig? Wobei kann ich auf Gott vertrauen? Die Bibel, Gottes Wort, war ihre Anleitung für das Leben. Es war ihr Beziehungsratgeber zu Gott. Leicht machte sie es sich damit gewiss nicht. Schließlich unterschied sich ihr Leben drastisch vom zeitgenössischen Standard-Alltag. Ich konnte mir damals schon ausmalen, wie oft sie wohl anecken würde mit ihrem Glauben in der »normalen« Welt.

Monate später erhielt ich von ihr eine Einladung zu ihrer Geburtstagsparty. Dort schrieb sie sinngemäß: »Wir wollen feiern und Spaß haben – aber auch Gott die Ehre erweisen.« Ich mutmaßte, dass sie das tat, weil es im 1. Korintherbrief heißt: »Ob ihr nun esst oder trinkt oder was ihr auch tut, das tut alles zu Gottes Ehre.« So ist Marie. Für mich las es sich wie: »Ja, es gibt auch Bier – aber wehe einer kotzt!« Hätte ich so eine Einladung geschrieben – ich hätte mit wenigen Zeilen meinen Freundeskreis radikal dezimiert.

In diesen Tagen im Allgäu lernte ich Maries Haltung schätzen. Es erschien mir aufrichtiger, ernsthafter und näher an der Wahrheit, wie sie als Christ danach strebte, jeden Buchstaben des Neuen Testaments zu leben – anstatt sich als Christ zu bezeichnen und diese Worte nicht einmal zu kennen. Wie so viele andere, mich eingeschlossen, es taten. Oder – auch sehr weit verbreitet: diese Worte zwar grob zu kennen, aber in jeden Satz eine eigene Interpretation zu dichten. Klingt ja schließlich meist hipper, frischer, fortschrittlicher – und ist bequemer: *Klar, das Wort galt vielleicht damals. Aber heutzutage muss man noch eine Portion Zeitgeist hinzugeben, einige Übersetzungsfehler wegschnippeln, das Ganze mit ein bisschen Interpretation würzen, die Veränderungen der Schrift in der Geschichte unterrühren und am Ende noch eine ordentliche Portion eigene Meinung drauf klatschen. Fertig ist der Glaubensbrei – ganz egal, wie weit man sich mit seiner wilden Auslegung von Gottes Wort entfernt hat.*

Marie blieb einfach unmittelbar bei diesen Worten und setzte sie konsequent um. Das beeindruckte mich. Sie hatte mich nicht rhetorisch flott um den Finger gewickelt. Gar nicht. X-Mal widersprach ich heftig und bis heute sind wir nicht bei allem einer Meinung. Die Veränderung spielte sich gar nicht so sehr in meinem Kopf ab. Mein Herz, vielleicht auch meine Seele, waren berührt und sendeten ein wohliges Signal: *Hör weiter zu! Sprich*

über den Glauben! Es tut dir gut. Du bist auf dem Weg. Wir rede-
ten viel.

Sie fragte mich: »Du sagst, du seist Christ. Ist Jesus also für
dich der Erlöser?« Hmm ... Naja ... Keine Ahnung! Mein Aus-
weichmanöver: »Das spielt für mich keine große Rolle. Gott ist
Liebe. Wer etwas aus Liebe tut, handelt in Gottes Sinn.« Dieses
Statement war nicht nur kurz und verständlich, ich hielt es nach
wie vor für ziemlich unanfechtbar. Es hatte mir auch schon oft
weitergeholfen. Egal, ob jemand einen Individualglauben pflegte
(»Ich glaube – aber jetzt nicht so im klassischen Sinne ...«) oder
überhaupt nicht glaubte: Auf die Liebe konnte ich mich mit den
meisten schnell einigen. Friede, Freude, Eierkuchen.

Nicht mit Marie.

»Wenn du Jesus nicht als Erlöser annimmst, hast du nichts
verstanden. Der Weg zu Gott geht nur über Jesus. Wenn du dich
darauf einlässt, kannst du eine Verbindung zu Gott aufbauen,
eine Beziehung. Dann kannst du auch über deine Probleme und
Sorgen beten. Du bekommst Antworten und bist nicht mehr allein unterwegs.«

Meine Augen wollten genervt rollen – aber irgendetwas in
mir sagte: »*Psst! Keine Ablenkung! Lass dich drauf ein!*«

Christian hatte ähnlich geklungen und war mir lästig. Marie
säte bei mir ein riesiges Interesse. Vielleicht hat sie einfach den
richtigen Ton getroffen. Sie erzählte mir sehr lang von der Guten
Nachricht, von der Vergebung der Sünden, von ihrer Art, den
Glauben jeden Tag in ihren Alltag einzubinden. Oder eher umgekehrt: wie sie den Alltag in ihrem Glauben lebte. Es waren so
viele Gedanken, die ich mir selber noch nie gemacht hatte. Und
ich konnte bei nichts widersprechen. Das Gefühl »Ich weiß es eh
besser!« war irgendwann weg. Ich hatte es ja nie selbst ausprobiert.

Sie stellte Zusammenhänge her, die mir bis dahin in dieser Tiefe schlicht nicht bewusst gewesen waren. Kannte ich alles irgendwie vom Hören-Sagen – aber eine Bedeutung hatte es für mich bis dahin nicht wirklich gehabt.

Am liebsten erzählte Marie von Jesus. Da er für mich bislang keine tragende Rolle in meinem Glaubensfilm gespielt hatte, verwunderte mich das zunächst – und brachte mich danach ins Grübeln. Sinngemäß sagte sie mir:

Von Natur aus bist du ein Sünder! So wie alle Menschen. Angefangen beim ersten Sündenfall von Adam und Eva bis hin zu jedem Menschen mit seinem gott-gegebenen freien Willen. Die Heiligkeit Gottes, die totale Unfehlbarkeit, erreicht keiner. Da hilft alles Anstrengen nichts. Vergiss es einfach! Du bist ein treuer Ehemann, hast aber schon einmal einer anderen Frau hinterhergeschaut? Zack! Vorbei! Laut Bibel gesündigt. Ganz zu schweigen von der großen Schlechtigkeit, den furchtbaren Sünden, die von Menschen begangen werden.

Da Gott ein gerechter Richter ist, dürfte er eigentlich aus den Strafmaßnahmen gar nicht mehr herauskommen. Und jetzt kommt Jesus ins Spiel: Er starb für uns, für uns schlechte Menschen. Er nahm alle Sünden, alle Verfehlungen auf sich und hat uns damit erlöst. Der Gerechtigkeit war damit Genüge getan – und gleichzeitig wurden wir alle frei. Wenn Jesus für dich also keine Rolle spielt, dann hast du Gott nicht verstanden. Er ist die Brücke zu Gott, unser Erlöser. Oder wie die Bibel in Johannes 14, 6 sagt: »Jesus spricht zu ihm: Ich bin der Weg, die Wahrheit und das Leben. Niemand kommt zum Vater denn durch mich.«

Aha! War ich ein spektakuläres Einzelfall-Beispiel phänomenaler Ignoranz, dass ich darüber noch nie tiefer nachgedacht hatte? Hatten alle anderen Menschen mit einem christlichen Hintergrund nach eingehender Bibel-Lektüre bewusst für sich entschieden, dass sie diese Rolle von Jesus Christus wahlweise zulassen oder ablehnen wollten? Es war ja nicht Maries freie Interpretation. Nein. *Christus ist unser Erlöser, der für unsere Sünden gestorben ist* – das ist die Kernbotschaft des Neuen Testaments. Schwarz auf Weiß.

Oder lebten die meisten Christen um mich herum in einer ähnlichen Lethargie wie ich: Pflegten sie nur eine gewisse Art von – vielleicht anerzogenem – Gottesglauben, ohne sich jemals auf den Weg zu machen, die Bedeutungen von Christus tiefer zu erforschen? Nicht nur mit dem Kopf, auch mit dem Herzen?

Marie glaubte an Christus. Und trug alle Konsequenzen. Und ich? Dieses Grübeln, diese Veränderungen, die da in mir passierten, führten mich an die feine Trennlinie zwischen »Ich glaube an Gott. Aber das beeinflusst mein Leben nur am Rande« und »Ich bin umgekehrt zu Jesus Christus. Zu einhundert Prozent. Ich bin Christ.«

Es war ebenfalls die Linie, deren Überschreiten für manche Menschen, auch in meinem nahen Umfeld, ein Abdriften ins leicht Abgefahrene bedeutete. Während es mir vorher noch immer gelang, Gott und meinen Alltag irgendwie zu einem Eintopf zusammen zu rühren, der allen schmeckte, wurde es ab dieser Stelle schwieriger.

Dass ich an Gott glaubte (wenn auch auf meine eigene schrullige Art) und das auch offen sagte – das war sozial kompatibel. Da erklärte mich niemand für latent durchgeknallt. Wenn ich das aber ernst nehmen und die logischen und niedergeschriebenen Aufgaben des Christseins umsetzen wollte, dann würde ich schnell in Gesprächssituationen landen, in denen es dem Gegenüber schwerfallen würde, nicht mit seinem Zeigefinger an die eigene Schläfe zu deuten, kleine Kreisbewegungen zu machen und einen Zwitscherton von sich zu geben. Ungefähr so, wie ich reagiert hatte, als Christian sagte, er habe seinen Auftrag von Gott bekommen, nachdem er zu ihm »darüber gebetet« habe.

Kurz: Ab hier wurde es spannend für mich. Und sehr konkret.

Auf Schatzsuche

Es überraschte mich, dass mein Kopf, den ich nicht für den allerhohlsten und für tendenziell eher nüchtern und sachlich hielt, überhaupt keine Probleme hatte, sich Gott und Jesus gegenüber in aller Arglosigkeit zu öffnen. Es erschien mir alles schlüssig: *Ja, zum Glauben an Gott gehört auch das Vertrauen auf Gott. Auf das Mächtige und auf das Unsichtbare. Dazu gehört das Wissen um sein Wort und das Handeln danach. Dazu gehört, Jesus Christus kennenzulernen und ihm zu folgen. Zu einhundert Prozent.*

Meine ganz persönliche emotionale und rationale Gewissheit faszinierte mich. Ich war sicher, auf einem guten Weg zu sein. Ich glaubte an Gott, obwohl mir klar war, dass ich vielen theologischen oder philosophischen Debatten über die Frage »Gibt es Gott oder nicht?« nicht gewachsen sein würde. Mir waren Nicht-Gläubige begegnet, die den Glauben zerlegten und sezierten, bis in ihren Augen nichts mehr davon übrig sein konnte. Ebenso hatte ich Gläubige erlebt, denen es gelungen war, aus diesen Scherben wieder ein Glaubensgefäß zu kleben. Manchmal schien es mir, als wäre dies ein eigener Sport in gewissen Kreisen. Einer, bei dem ich nicht mithalten können würde. Ich hatte aber auch gar nicht das Verlangen danach.

Nur ein Beispiel solcher Debatten: die Boeing auf dem Schrottplatz. Der Einstieg in die Diskussion geht so: Auf einem

Schrottplatz liegen wüst verteilt sämtliche Schräubchen, Muttern und was man sonst noch so braucht, um eine Boeing 747 zusammenzubauen. Dann kommt ein gewaltiger Sturm auf, wirbelt all diese winzigen Einzelteilchen durcheinander – und als sich der Wind legt, steht da ein fertig zusammengeschraubtes, voll funktionsfähiges Flugzeug.

Darüber lässt sich herrlich diskutieren! Den Einen dient es als Bild für den Menschen und das Wunder der Schöpfung. *Auch wenn alle Bauteile für den Menschen irgendwie auf der Erde vorhanden sind, so ist es doch ein göttliches Werk und ein durch Naturgesetze nicht erklärbarer Zufall, dass daraus so etwas entstanden ist, wie wir es sind.* Für die anderen ist es ein gefundenes Fressen: *So ein Quatsch! Das lässt sich nicht mit der Evolution vergleichen. Der Mensch ist ja kein vordefiniertes Endprodukt wie ein Flugzeug und ist nach einem Sturm plötzlich fertig zusammengesetzt – sondern entwickelt sich weiter durch Anpassung und Auslese. Das Bild ist also völlig schief und zeigt gar nichts!*

Wer nach »Evolution Schrottplatz Boeing« googelt, findet fast 3000 Treffer. So sehr wurde dieses Beispiel schon diskutiert, analysiert und benutzt. Zugegeben: Ich habe es auch einmal probiert – in einem freundlichen Gespräch mit einem Kumpel, der Philosophie studiert hatte. Auch wir kamen zu keinem Ergebnis. Das lag aber wohl auch daran, dass ich gar nichts gegen Naturgesetze habe. Im Gegenteil: Ich weiß, dass es sie gibt. Und nur beim Rausgehen gestattete ich mir die gemurmelte Frage: *Und wer hat die Gesetze gemacht?*

Eine Bekannte schickte mir via Facebook dieses Zitat des tödlich verunglückten Schauspielers Paul Walker: »Ich verstehe nicht, wie man Atheist sein kann. In meiner Freizeit bin ich immer in der Natur und gehe surfen, snowboarden, jagen. Und wenn ich mich dann umsehe, denke ich mir: ›Wie kann man inmitten dieser großartigen Natur nicht glauben, dass es Gott gibt?‹ Soll das hier alles ein Zufall oder ein Fehler sein? Mich haut das einfach nur um.« Das fasste es für mich am besten zusammen. Erklären konnte ich beileibe nicht alles. Eher nichts. Doch in einer Diskussion waren die Ur-Fragen nach der Existenz Gottes für mich kaum zu klären, sonst hätten das schon andere geschafft.

Zwar hatte ich eine zeitlang in Sachen *Glaube und Gewissheit* recherchiert. Hatte Essays von gläubigen Wissenschaftlern ebenso gelesen wie Berichte von Theologen, die sich vom Glauben abgewandt hatten. Hatte in Büchern über Gottesbeweise, Evolutionstheorie, historische Belege, Schöpfungsfrage geschmökert. Aber irgendwann kam ich zu dem Schluss, dass ich hier keine endgültige Antwort finden würde. Mein Kopf begegnete Jesus bereits mit großer Leichtigkeit. Immer wieder machte ich solche paul-walker-esken Erfahrungen, die für mich jede faktenreiche Abhandlung in die Bedeutungslosigkeit katapultierten: Ich sah und fühlte und erlebte Momente, in denen mein Herz platzen wollte vor Begeisterung und Bewunderung. *Boah, ist das schön hier! Danke dafür, Gott!*

Heute würde ich sagen: Gott hatte mich eingeladen. Deshalb war es ein Kinderspiel, vorbehaltlos an ihn zu glauben. Er war in mir am Werk. Er hatte es mir seit jeher ins Herz geschrieben. Und mein Herz hatte sich längst unbemerkt von mir auf die Reise gemacht, um seiner Einladung zu folgen. So etwas kam mir damals noch nicht in den Sinn. Ich war einfach angenehm davon überrascht, wie schnell ich Gott näherkam.

In den Wochen nach dem Trainingscamp im Allgäu sinnierte ich viel über solche Themen. Und so kam dann auch das Lotto-Beispiel in meine Gedanken, von dem ich ganz am Anfang schrieb: Wie kann es sein, dass ich nach einem Lotto-Gewinn begeistert bereit bin, alles in meinem Leben zu ändern, wegzuwerfen, mich neu einzurichten? Und warum bin ich nicht bereit, für meinen Glauben mindestens dasselbe zu tun?

Klar, eine Antwort hätte lauten können: *Weil du es nach einem Lotto-Gewinn kannst! Du kannst plötzlich das tun und lassen, was dir gefällt.* Aber das war in meinen Augen zu kurz gesprungen. Jeder ist zu jeder Zeit in der Lage, sein Leben so auszurichten, wie er mag. Das geht nicht immer uneingeschränkt. Aber es wäre doch auch Quatsch zu behaupten, dass es bei jeder Veränderung ums nackte Überleben oder die Sorge um das Brot auf dem Tisch am nächsten Tag ginge.

Eigentlich drehte es sich bei mir nur noch um eine einzige Frage: Glaube ich an Jesus Christus oder nicht? Wenn ich dies bejahte, dann glaubte ich auch an Geschenke, die jeden Lotto-Gewinn verblassen lassen würden.

Bei mir kam dabei so etwas wie Aufbruchstimmung auf. Ein Gefühl, das sich vielleicht am besten mit einem meiner Lieblingsträume aus ungezählten Nächten vergleichen lässt: *Ich wohne in meinem vertrauten Heim, alles ist so wie immer. Aber als ich eine Tür öffne – mal ist es die Badezimmer- mal die Wohnzimmertür –, ist dahinter plötzlich alles neu. Manchmal trete ich in ein riesiges Wohnzimmer mit Querbalken, meterbreiten Kaminen, unzähligen Sitzgruppen aus gemütlichen Sesseln. Von hier gehen weitere Türen ab in spektakuläre Gärten. Manchmal ist dieses Zimmer auch ein mysteriöser Ort, der in viele Geheimgänge führt, zu Schatzkammern und Rittersälen. Hin und wieder wird es auch total beknackt und ich habe da eine eigene Achterbahn. Aber noch während ich schlafe, bin ich bereits verdattert und frage mich, warum mir das bislang nicht aufgefallen ist? Warum hab ich nie gesehen, dass in einem Zimmer hinter dem Bügelbrett eine gigantische Achterbahn steht? Und: Warum hat uns der Verkäufer nichts erzählt? Hätte doch eigentlich den Preis nach oben treiben müssen, schließlich ist das Ding nagelneu und einsatzbereit.* Stets war es etwas frustrierend, nach dem Aufwachen festzustellen, dass hinter dem Bügelbrett doch einfach nur Wäsche liegt.

Und das war der Unterschied zwischen dem neuen Gefühl und dieser Art von wirren Träumen: Die Achterbahn stand am nächsten Morgen immer noch da. Seit 35 Jahren warteten da eine Freude und ein Geschenk auf mich, die ich bislang schlichtweg ignoriert hatte.

Mich musste niemand mehr von der Existenz eines Gottes überzeugen. Ich war ja schon immer irgendwie gläubig gewesen und spürte auch jetzt, als es ernst wurde, wie ehrlich und wahr diese Basis war. Aber ich hatte nie verstanden, was das eigentlich bedeutete. Das wollte ich ändern. Ich wollte mehr entdecken.

Ich war auf Schatzsuche. Auf Gottsuche.

Kirchen-Hopping

Wenn ich mir heute meine Facebook-Chats aus diesen Monaten Ende 2012, Anfang 2013 mit Marie anschaue, liest sich das oft ein wenig bizarr. Ich ballerte sie förmlich mit Fragen zu, mit Widersprüchen zwischen dem Glauben und meinem Leben, aber auch mit Besserwisserei und Provokation.

Gern schrieb ich ihr, wenn ich gerade in bester Partylaune war, um sie herauszufordern und ihr klarzumachen, dass ihre Lebensführung zwar ganz attraktiv klingen mochte, wenn man fernab von jeder Realität in Momenten großer Entspannung den idealen Weg plante. Dass es aber wenig mit dem zu tun hatte, was das Leben – oder zumindest mein Leben – erst richtig lebenswert machte.

An einem Dienstag im Oktober schickte ich Marie ein Foto vom Oktoberfest auf dem Alexanderplatz. Auf dem Bild tanzten gerade einige Freunde und ich Arm in Arm (und recht betrunken) auf den Bänken. Dazu die tiefsinnige Botschaft: »Versuche gerade mal wieder, meine Welt und deine in Einklag zu bringen. Das hier ist meine Welt.« Kurz darauf dann: »Wieder ein Tag voller Zynismus, dreckigen Witzen und Belanglosigkeit.«

Es war nach 23 Uhr, die arme Marie hatte am nächsten Morgen um 5 Uhr Krankenschwester-Frühdienst. Trotzdem fragte sie wieder und wieder, ob und wie sie mir helfen könne. Eigentlich hatte ich mich bis dahin gar nicht hilfsbedürftig gefühlt. Mehr so: *Yay! Mein Leben rockt! Ich mag all deine Gedanken. Aber mit dem echten Leben hat das überhaupt nichts zu tun. Und sieh her: Mir geht es super!* Nach einigen Minuten schrieb Marie dann: »Ich denke darüber nach, ob du glücklich bist. Irgendwie würde ich nicht mit dir tauschen wollen. Ich will diesen Frieden, der in mir ist, nicht aufgeben. Ich bleibe lieber ein Schaf.« Marie ließ sich einfach nicht erschüttern.

Über das Schaf haben wir später noch oft gesprochen. Über Schafe und Schweine. Über sauber und dreckig, richtig und falsch. Und über Schafe, die sich immer wieder schweinehaft im Schlamm suhlen.

Sie hat mich sicherlich nicht im Alleingang zur Umkehr geführt. Im Gegenteil: Sie selbst würde das energisch bestreiten, weil dies allein in Gottes Macht und Gnade stehe. Aber sie half mir enorm dabei, bei der Stange zu bleiben. Ich hatte ja beschlossen, zu lernen und mehr zu entdecken. Und da war es gut, dass es jemanden gab, der mich wieder und wieder daran erinnerte und der bereit stand, meine Fragen und Zweifel zu beantworten oder zu zerstreuen. Oder sie im Gebet an Gott zu delegieren.

Weil sie meinen Blick so sehr auf Jesus gelenkt hatte, begann ich, das Neue Testament zu lesen. Jeden Tag, mindestens ein Kapitel. Das Alte Testament hatte ich mal in einer epischen Roman-Version durchgearbeitet und es mir jetzt zusätzlich als Hörbuch runtergeladen, das auf langen Fahrten im Auto lief, oder hatte es noch einmal punktuell studiert, wenn es entsprechende Querverweise aus dem Neuen Testament gab. Aber es war mir wichtig, meinen Fokus auf die Gute Nachricht, auf die Evangelien zu lenken. Denn das war der Teil meines Glaubens – die Jesus-Story –, den ich bislang so grandios vernachlässigt hatte.

Ich gab mir Mühe, die Bibel-Worte nicht einfach wie bei Harry Potter in mich hineinzuspachteln. Ich reflektierte sie, googelte hier und da, wenn sich Fragen auftaten – oder schickte Marie eine Nachricht. Es war eine gute Entscheidung, mit dem Evangelium zu beginnen. Das Alte Testament ist so viel fordernder, regt so viel mehr zu Widersprüchen an. Ich weiß nicht, ob es mich *über*fordert hätte. All die Gesetze. All die Gewalt, all die Kriege. Dieses ganze Geopfere, als könne man eine Sünde mit einem geschlachteten Bock aus der Welt schaffen.

Was hab ich mich gefreut, als ich Kapitel nach Kapitel in aller Breite und Tiefe begriff, wie das Neue Testament eine komplett neue Botschaft sendet: *Jesus ist gekommen, um uns zu erlösen.* Wie schön war es, bei Matthäus 9, Vers 13 zu lesen: »Gehet aber hin und lernet, was das sei: ›Ich habe Wohlgefallen an Barmherzigkeit und nicht am Opfer.‹« Inzwischen habe ich viele Stellen mit der gleichen Aussage auch im Alten Testament gefunden. Aber ich weiß nicht, ob ich es bis dahin überhaupt geschafft hätte – oder ob ich vorher ausgestiegen wäre bei der zehnten Auflistung, welches Tier bei welcher Missetat geschlachtet werden muss.

Ich verlor nicht nur meine Scheu vor der Bibel, ich fing an, sie wirklich zu genießen. War es am Anfang noch ein Pflichtpunkt in meinem Stundenplan »*Vor dem Einschlafen ein Kapitel in der Bibel lesen*«, so wurde es nach und nach etwas, worauf ich mich freute. Das Neue Testament wurde mir wirklich zur Guten Nachricht.

Gleichzeitig hatte ich mir vorgenommen, nicht alle meine Zweifel, neuen Fundstücke und Unsicherheiten bei Marie abzuladen. Natürlich sprach ich auch mit anderen Menschen darüber. Aber wieder machte ich die Erfahrung, dass sich bei uns ein gleichgültiger Glaube eingeschlichen hatte. Viele hörten interessiert zu – aber wenn man dann die besagte Linie überschritt (»Müsste ich dann nicht mein ganzes Leben auf Gott ausrichten?«), bemerkte man schnell die höflich überspielten Fluchttendenzen. Nur mit meiner lieben Frau Sophie konnte ich darüber reden. Sie ist ein Geschenk an Langmut, Geduld und Verständnis. Gleichzeitig hat sie aber selbst eine ganz eigene Geschichte mit Gott, die nur sie selbst erzählen kann.

Ich beschloss, dass es an der Zeit sei, eine Gemeinde zu suchen. Inzwischen war unser zweites Kind Fritz zur Welt gekommen. Also schnappte ich mir Sonntagmorgens Elsa, um Sophie nicht mit beiden Kindern allein zu lassen, und probierte alles aus. Zwar bin ich evangelisch getauft. Aber ich merkte, dass die Institution Kirche weder in all den Jahren zuvor noch in den vergangenen Monaten mit Bibellektüre und Gebeten eine herausragende Rolle für mich eingenommen hatte. Insofern war es mir recht egal, welcher Konfession genau die Gemeinde angehörte. Ich suchte Ansprechpartner und eine Gruppe von Menschen, mit denen ich gemeinsam den Weg weitergehen könnte.

Da wir damals in Prenzlauer Berg wohnten, war die erste Anlaufstelle die Gethsemane-Kirche. Die kennt man aus den Wendejahren, weil sie Treff- und Ausgangspunkt der friedlichen Revolution in Berlin war. Hier ließen wir Elsa taufen und später auch Fritz. Regelmäßige Kirchgänger sind wir dadurch nicht geworden.

Die Gottesdienste waren okay. Ziemlich herausfordernd mit einem einjährigen Kind auf dem Schoß, aber ich bekam schöne Impulse und genoss es, gemeinsam mit anderen Christen im Gebet vereint zu sein. Eine echte Gemeinschaft spürte ich nicht. Das kann ich allerdings beim besten Willen auch nicht der Kirche zum Vorwurf machen, schließlich gab ich ihr viel zu wenige Chancen und sicherlich existiert gerade in Gethsemane ein sehr intensives und vertrauensvolles Gemeindeleben. Es machte einfach nicht Klick bei mir.

Und so probierte ich weiter. Andere Kirchen, andere Gemeinden. Auch mal eine Freikirche in einem Flachbau statt in einem prächtigen Kirchenschiff. Mit Keyboard und englischem, christlichen Pop statt mit ehrwürdiger Orgel. Aber so wirklich zugehörig fühlte ich mich auf Anhieb nirgends. Mal lag es daran, dass eine Dame mit kleinen Löckchen etwas zu ekstatisch zum Jesus-Pop die Hände gen Himmel riss und ihre Augenlider flattern ließ, ein anderes Mal war mir der Gottesdienst zu steif und zu traurig. In allererster Linie waren es aber sehr irdische Gründe: Ich fühlte mich einfach nicht hundertprozentig wohl, nicht angekommen – und ich hatte das Gefühl, dass ich die wenige Freizeit mit unseren kleinen Kindern besser verbringen könnte. *Naja,* dachte ich, *es ist eben ein Weg. Du hast noch einige Meter vor dir.*

Eine Gute Nachricht per Mail

Wenige Wochen vor meiner endgültigen Umkehr zu Gott beschrieb ich meinen inneren Status Quo in einer Mail an Ramsy (gesprochen: Ramsi – nicht Rämsej). Wer dieser Ramsy war, wusste ich damals auch nicht so genau. Marie kannte ihn und hatte mir von ihm erzählt, als ich sie nach Menschen gefragt hatte, mit denen ich in Berlin über den Glauben reden könne. Ihn könnte ich ja mal anschreiben, sagte Marie. Hab ich gemacht.

+++

An: Ramsy
Gesendet: 9:47 Dienstag, 2.Juli 2013
Betreff: Sinnsuche

Hallo Ramsy,
(...)
Ich möchte dir kurz etwas über mich erzählen: Ich glaube, ich bin auf einem Weg und stehe an einer spannenden Stelle, an der ich das Bedürfnis habe, Jesus zum Zentrum meines Lebens und Handelns zu machen.

Ich habe schon immer einen Gottesglauben in mir getragen und ich denke zu wissen, was im Groben richtig und was falsch ist – auch in einem christlichen Leben. Aber gleichzeitig verfalle ich leicht in einen Trott nach dem Motto »Wenn's mir Spaß macht und keinem anderen schadet, wird's schon richtig sein«. Inzwischen glaube ich aber, dass ich es mir damit zu leicht mache und damit den richtigen Weg verwische oder ihn mir nur passend rede.

Man kann auch sagen, ich bin gerade auf Sinnsuche. Der liebe Gott hat mir soviel gegeben, mir bislang ein derart sorgloses und wundervolles Leben geschenkt, dass ich diese Gaben einsetzen möchte, um in seinem Sinne das Richtige zu tun. Die Frage ist: Was ist in einem großen Kontext das Richtige? Nicht nur, um mich selbst froh zu machen (wenn auch durch gute Taten), sondern um nach Gottes Willen zu handeln.

Um es mal plastisch zu beschreiben: Ich habe einen Job, in dem man viel bewegen kann, zwei wundervolle Kinder, eine traumhafte Ehe, wir haben gerade eine Wohnung gekauft, ich verdiene viel zu viel Geld (in meinen Augen), es gibt kaum Krankheiten in unserer Familie und derzeit schreibe ich dir aus der Morgensonne der dänischen Dünen, wo wir Urlaub machen. Mir geht es also herrlich.

Sicher, ich versuche, an vielen Stellen im Alltag meine christlichen und moralischen Überzeugungen unterzubringen. Mir fällt es nicht schwer, Menschen zu mögen und zu vergeben, weil ich Menschen liebe. Wir spenden und setzen uns hier und da für Schwächere ein.

Aber: Der Glaube zirkuliert da irgendwo als Teil meines Lebens mit umher. Ich habe ihn bislang nicht ins Zentrum gestellt. Ich lebe nicht wirklich MIT Jesus.

Vieles mache ich mir zu leicht. Uns geht's vielleicht zu gut. Ich feier zu viel, esse zu viel, trinke zu viel, bau zu viel anderen Mist.

Ich wollte immer die Welt besser machen und würde nun gern damit anfangen. Dazu muss ich aber erstmal ein Fundament haben – und nicht nur einige Glaubenssätze, an denen ich mich entlang hangel.

Ich habe in letzter Zeit viel von der »Umkehr«, der »Bekehrung« zu Jesus Christus gelesen. Von der Vergebung der Sünden und einem Neustart mit Jesus. Dieser Gedanke gefällt mir. Jetzt möchte ich herausfinden, wie ich an einen solchen Punkt der Bekehrung gelange – nicht nur praktisch, sondern auch so, dass ich innerlich dafür vorbereitet und bereit bin und reinen Herzens und ohne Hintertürchen den ersten Schritt auf diesem Weg gehen kann.

Ich habe wieder angefangen, in der Bibel zu lesen, und erhoffe mir Antworten auf die Frage, wann ich bereit für eine Umkehr bin und welche Anforderungen das konkret an meinen bisherigen Lebenswandel stellt.

Beste Grüsse!
Daniel

Von meinem iPhone gesendet
+++

Ich mag diese Mail, weil sie mir immer wieder vor Augen hält: Ich war damals weder in einer verzweifelten Situation und suchte irgendwie Halt, noch hatte ich das eine besondere Erlebnis, das mich von jetzt auf gleich mit allem hadern ließ. Es war auch nicht so, dass ich aus einem gottlosen Leben kam und einfach Lust auf etwas Neues hatte. Nein. Ich hatte ein gutes Leben – und trotzdem wusste ich, dass es noch besser werden konnte.

Die »dänischen Dünen«, von denen ich da schrieb, wellen sich hoch im Norden, kurz vor der Stelle, an der Nord- und Ostsee zusammenschwappen. Hier liegt ein Campingplatz, auf dem wir seit zig Jahren Urlaub machten. Die Familie meiner Frau war immer zur selben Zeit dort, außerdem Freunde und Bekannte aus Sophies Heimatdorf.

Vor dem ersten Mal hatte ich gedacht: Zelten, Schwiegereltern, mir völlig fremde Menschen, die sich alle untereinander kennen, und dazu lauter kreischende Kinder, für die ich Babysitter spielen darf – so muss es in der Hölle sein. Nach dem ersten Mal war ich verzaubert von diesem Fleckchen, das nur 100 Meter vom Nordseestrand entfernt liegt, und von dieser Art Urlaub. Wir kamen Jahr für Jahr wieder. Die Tage bestanden aus Entspannung am Strand, Fußball-Bolzen mit den Teenagern,

abends Lagerfeuer, Stockbrot, grillen und anschließend Rama-
zotti und Bier mit den Älteren. Das perfekte Setup, um zur Ruhe
zur kommen. Die perfekte Zeit, über sich selbst endlich einmal
in aller Tiefe nachzudenken.

Ich hatte meine E-Book-Bibliothek vollgestopft mit Büchern
über das Christentum, die Bibel in verschiedenen Varianten war
ja eh schon heruntergeladen. Und ich nahm mir jeden Tag aus-
giebig Zeit, andere Erfahrungsberichte oder Lebensentwürfe zu
lesen und für mich zu reflektieren.

Ein Buch, das einen besonders tiefen Eindruck bei mir hinterließ, war »Christ. Glauben. Leben.« von dem evangelischen
Theologen Ulrich Parzany. Ich erkannte schon auf den ersten
Seiten meine Gedanken wieder. Gleich zu Beginn schreibt er:
»*Im deutschsprachigen Europa sind gut 65 Millionen Menschen
Mitglieder in christlichen Kirchen. In Deutschland 54 Millionen,
in Österreich 5,8 Millionen, in der Schweiz 5,5 Millionen. Doch
kann man sie alle automatisch als Christen bezeichnen? Verstehen sie sich überhaupt selbst als solche?*« Da war er wieder, dieser
Gedanke: Was bedeutet eigentlich Christ-Sein? Wie kann ein
solches Massenphänomen so glattgelutscht werden, dass sich ein
Großteil unserer Mitmenschen als Christen versteht und es dabei gleichzeitig kaum sichtbare Auswirkungen auf ihr Leben hat?

Ja, in diesem Buch war ich richtig. Herr Parzany hatte es sich
darüber hinaus nämlich zur Aufgabe gemacht, diese Frage ein-
gehend zu beantworten. Und nicht nur das. Er kündigte schon
weit vorne an, dass er versuchen will zu erklären, was es konkret
bedeutet, Christ zu sein.

Während ich mich noch darüber freute, keinen kompletten
Fehlkauf im E-Book-Store getätigt zu haben, stolperte ich schon
über die nächste Gemeinsamkeit. Meine Frage mit dem Lottoge-
winn hatte Ulrich Parzany zu einer Aussage zusammengefasst:

»*Wenn Gott nur eine Einbildung ist, dann ist die Bekehrung zu ihm eine Geschmackssache. Sie ist dann jedenfalls nicht lebensnotwendig. Wenn Gott aber wirklich existiert und der Schöpfer der Welt ist, dann kann unser Leben nur gelingen, wenn wir uns auf diese Tatsache einstellen. Wenn wir diese Tatsache nicht zur Kenntnis nehmen, werden wir scheitern.*« Bumm! Damit waren wir beim Thema Umkehr und Bekehrung. Es fühlte sich mehr und mehr wie eine Einladung in grellen Neon-Buchstaben an: *Nun mach doch endlich!* Wie ein wichtiger, entscheidender Moment.

Ich fand noch viele wunderbare, inspirierende Sätze und Anregungen in diesem Buch. Es hat mich ebenfalls geprägt, und da ich nicht einfach ungefragt Gedanken klauen und wiederverwerten wollte, fragte ich Ulrich Parzany über Facebook, ob ich einige Zeilen von ihm in diesem Buch aufgreifen dürfe. Er antwortete: »Gern dürfen Sie alles von mir gebrauchen, was Sie gebrauchen können. Der Heilige Geist ist Sozialist – alles Volkseigentum!« Noch ein Gedanke, der mir gefiel ...

In diesem Urlaub verbrachte ich viel Zeit mit Nachdenken, Lesen, Beten. Ich las die Bibel auf dem iPhone, während ich endlose Runden mit dem Kinderwagen über den Campingplatz drehte. Ich legte mich zu den Kindern, wenn sie Mittagsschlaf hielten, sprach neben ihnen stille Gebete und bat Gott darum, mir auf dem Weg zu helfen. Ich nahm mir alle Zeit der Welt, in mich hineinzuhorchen und herauszufinden, was meine nächsten Schritte sein könnten.

Wieder und wieder ging mir durch den Kopf, dass eine endgültige Umkehr zu Gott ein ziemlich krasser Schnitt sein würde. Dass nicht nur ein Jubeltanz der neuen Freiheit auf mich wartete. Sondern dass es zuerst einmal Verzicht bedeuten würde. Gerade in meinem Leben. Überfluss, Völlerei, Maßlosigkeit – nur ein

Teil der Menge an Zutaten meines Lebens, die ich zu überdenken hätte. Hinzu würden sicherlich viele komische Diskussionen kommen. Auch auf Ablehnung in meinem engsten Umfeld würde ich stoßen. Vielleicht hätte es sogar berufliche Auswirkungen. Kollegen und Vorgesetzte würden mich eventuell plötzlich für beknackt oder – professionell gesehen – für zu voreingenommen halten. Ein klares, ernst gemeintes Christus-Bekenntnis ist in der freien Wirtschaft gemeinhin nicht als Karriere-Booster bekannt. Mein Kopf hatte also viel zu tun. Und es sollte nicht weniger werden.

Nur zwei Stunden nach meiner Mail an Ramsy bekam ich seine Antwort. Der Berliner Medizin-Student, den ich noch nie getroffen hatte und den ich auf Maries Empfehlung hin einfach mal angemailt hatte, schrieb mir nur 121 Minuten nach meiner Bitte um Rat und Empfehlung eine sehr lange Nachricht. Wie eine persönliche Predigt. Nur für mich. Ich möchte sie dennoch teilen, weil sie zum einen sehr wichtig für mich und meinen Weg war, zum anderen, weil ich davon ausgehe, dass ich nicht der einzige Mensch bin, der die »Ich glaube irgendwie, aber noch nicht so richtig«-Situation kennt.

+++

An: Danie

Gesendet: 11:48 Uhr, Dienstag, 2.Juli 2013

Betreff: Re: Sinnsuche

Lieber Daniel,

(...)

Du scheinst in einer Lebensphase zu stecken, in der du viel Heiliges/ Ursprüngliches beobachten darfst. Eine funktionierende Ehe, ein Zuhause (in verschiedenster Hinsicht) oder deine beiden Kinder, die vor deinen Augen groß werden. Diese Dinge zu haben, ist ein großartiges Privileg, dafür aber jemandem dankbar zu sein, macht dieses Privileg noch viel großartiger. Es ist schöner, von jemandem etwas geschenkt zu bekommen, als am Straßenrand etwas Wertvolles zu finden. Vielleicht kommen dir diese Dinge wie harmonische Klänge vor, die aus einer anderen Realität entspringen. Das ist wirklich so. Das Gute, Schönheit, Liebe und Heiligkeit kommen von Gott und zeugen von ihm. Mir fallen dazu einige Bibelstellen ein:

»Seit der Erschaffung der Welt sind seine Werke ein sichtbarer Hinweis auf ihn, den unsichtbaren Gott, auf seine ewige Macht und sein göttliches Wesen. Die Menschen haben also keine Entschuldigung, denn trotz allem, was sie über Gott wussten, erwiesen sie ihm nicht die Ehre, die ihm zukommt, und blieben ihm den Dank schuldig.«
Römer 1, 20.
»Denn alles, was Gott geschaffen hat, ist gut.«
1. Timotheus 4,4
Du sagtest, dass du auf der Suche nach einem größeren Kontext bist. Auch dazu etwas aus der Bibel:
»Alles hat er schön gemacht zu seiner Zeit, auch hat er die Ewigkeit in ihr Herz gelegt, nur dass der Mensch das Werk nicht ergründet, das Gott getan hat, vom Anfang bis zum Ende.«
Prediger 3, 11
Du erwähntest, dass du im Groben weißt, was richtig und falsch ist. Auch das ist etwas, was auf Gott hinweist. Denn im Grunde genommen ahnt jeder Mensch, dass es eine allgemeingültige Moral gibt. Selbstlose Menschen wurden zu jeder Zeit und überall auf der Welt als Helden angesehen, weil man scheinbar diesen Charakterzug als universal »richtig« einstuft.

Jetzt kommt aber etwas, bei dem du nicht alleine stehst. Du sagtest, dass du dir den Weg passend redest. Ich glaube, hier ist ein elementarer Knackpunkt, der für die Bekehrung sehr wichtig ist. Ich hoffe, ich werde mich in folgenden Sätzen gut ausdrücken können ...

Wenn man in den ersten Seiten der Bibel liest, so wird man relativ schnell vom Sündenfall der ersten Menschen lesen. Dort passiert etwas sehr Entscheidendes. Sie entschließen sich nämlich, vom Baum der Erkenntnis des Guten und Bösen zu essen, gegen Gottes Gebot. Der spirituelle und physische Tod wird von etwas begleitet, das dir sehr bekannt vorkommen wird. Und zwar: Von der Erkenntnis des Guten und Bösen. Mit dem geistlichen Tod, also mit der Unterbrechung der Beziehung zu Gott, bekommt jeder Mensch plötzlich die Fähigkeit, Richtig und Falsch selbst definieren zu dürfen. Das ist das große Dilemma jedes Einzelnen und der ganzen Menschheit. Die Unabhängigkeit von Gott führt dazu, dass jeder seinen eigenen Gott spielen möchte. Was in Gottes Augen Gut und Böse ist, hat sich niemals verändert, aber der Mensch entscheidet jetzt für sich, wie Moral aussieht. Jetzt passiert etwas sehr Logisches. Wenn du entscheidest, was richtig und falsch ist, dann wirst du dir die Moral immer so zurechtbiegen, dass aus dir im Großen und Ganzen ein guter Mensch wird. Wenn man sein Aussehen – seine Beschaffenheit – schon nicht ändern kann, dann ändert man den Spiegel, in dem man sich betrachtet.

Gott hat deswegen die Menschen mit seiner Moral konfrontiert, indem er Gesetze gegeben hat. Die zehn Gebote wurden damals dem Volk Israel gegeben, um dieses Phänomen der Menschheit zu demonstrieren. Der Herr Jesus verschärft die Gebote sogar, indem er beispielsweise sagt:

»Ihr wisst, dass zu den Vorfahren gesagt worden ist: ›Du sollst keinen Mord begehen! Wer einen Mord begeht, soll vor Gericht gestellt werden.‹ Ich aber sage euch: Jeder, der auf seinen Bruder zornig ist, gehört vor Gericht.«

Oder:

»Ihr wisst, dass es heißt: ›Du sollst nicht die Ehe brechen!‹ Ich aber sage euch: Jeder, der eine Frau mit begehrlichem Blick ansieht, hat damit in seinem Herzen schon Ehebruch mit ihr begangen.«

Matthäus 5, 21 ff

Wer sich jetzt mit seiner Beschaffenheit und mit seinem Aussehen vor Gottes Spiegel stellt, sieht sofort, wie er wirklich ist:

»Das Gesetz führt vielmehr dazu, dass man seine Sünde erkennt.«

Römer 3, 20

Das ist der erste Schritt zur Bekehrung! Bevor man umkehrt, muss man erstmal wissen, dass man voll auf dem falschen Weg ist.

Ich wünsche dir von ganzem Herzen, dass du das erkennst. In dir und mir steckt nichts Gutes, kein Funken. Du und ich, wir sind durch und durch Sünder. Und damit stehen wir nicht alleine. Jeder hat gesündigt und erreicht die »Harmonie« Gottes nicht. Man kann selbstlos sein, spenden und gute moralische Überzeugungen haben, aber wird es trotzdem nicht schaffen. Interessanterweise probieren das alle anderen Religionen und Philosophien. Im Christentum muss man sein eigenes Todesurteil aber akzeptieren. Es geht nämlich vor allem darum, dass man vor Gott schuldig ist. (...)

Du hast ein Problem mit Gott. Besser gesagt: Gott hat ein Problem mit dir.

In Psalm 5,5 steht etwas sehr Hartes: »Denn du bist nicht ein Gott, dem Gesetzlosigkeit gefällt; wer böse ist, darf nicht bei dir wohnen. Die Prahler bestehen nicht vor deinen Augen; du hasst alle Übeltäter.«

Es gibt aber Hoffnung.

Es gibt einen Ausweg.

Irgendwo im Nahen Osten erklang vor 2000 Jahren eine harmonische Melodie. Jemand war da, der von sich sagte, dass er von Gott ausgegangen sei, um Kranke zu heilen und Sünder zu erretten. Jemand, der nicht gekommen war, um bedient zu werden, sondern um zu dienen. Jemand, der trotz widrigster Umstände sündlos blieb bis zu seiner Kreuzigung. Jemand, dessen innerer Weg dem äußeren Weg glich. Jemand, der im Himmel alles besaß, auf die Erde kam, um ganz niedrig zu werden. Jemand, der am Ende von seiner Familie und seinen Jüngern (die bis dahin drei Jahre fast täglich mit ihm unterwegs waren) verlassen worden ist und wie ein Schwerverbrecher gefoltert und gekreuzigt worden ist.

Ich könnte dir den ganzen Tag von diesem Jesus schreiben, aber auf eines möchte ich noch hinaus. An diesem Kreuz trug er die Sünde der Welt und wurde von Gott bestraft, als ob er sie begangen hätte. Gottes Gericht an Jesus Christus wird immer ein Mysterium bleiben, aber es ist das gewaltigste, was je auf der Erde passiert ist. Und wenn du willst, kannst du all deine Fehler auch zu Jesus Christus bringen, damit er deine Strafe von Gott stellvertretend empfängt. Er macht es freiwillig, und er macht es, weil er dich liebt.

Er liebt dich so sehr, dass er alles mit dir teilen möchte. Deine Schuld, Furcht, Armut, Scham, Disharmonie und deinen Tod trug er. Er ist aber auferstanden und hat als Sieger diese Erde verlassen, um irgendwann wieder zu kommen. Seinen

Reichtum und Sieg, seine Heiligkeit und Freude, seine Harmonie, seine Heimat im Vaterhaus und sein Leben möchte er mit dir teilen. Umsonst.

Bekehrung bedeutet nicht nur, sich selbst in seiner Sünde zu sehen, sondern an den »Herrn« Jesus Christus zu glauben, dass er all deine Sünden gesühnt hat und dir eine zweite Chance gibt. Deswegen spricht die Bibel von neuem Leben. Neugeboren sein.

Der erste Mensch, der das getan hat, war ein Räuber am Kreuz, der neben Jesus hing. Für ihn war alles auf der Erde verloren und er traute sich diesem Menschen und Gott am Kreuz an.

»Zusammen mit Jesus wurden auch zwei andere Männer zur Hinrichtung geführt, zwei Verbrecher. Als sie an die Stelle kamen, die ›Schädel‹ genannt wird, kreuzigten die Soldaten ihn und die beiden Verbrecher, den einen rechts und den anderen links von ihm. Jesus aber sagte: ›Vater, vergib ihnen, denn sie wissen nicht, was sie tun.‹ Die Soldaten warfen das Los um seine Kleider und verteilten sie unter sich. Das Volk stand dabei und sah zu. Und die führenden Männer sagten verächtlich: ›Anderen hat er geholfen; soll er sich doch jetzt selbst helfen, wenn er der von Gott gesandte Messias ist, der Auserwählte!‹ Auch die Soldaten trieben ihren Spott mit ihm; sie traten zu ihm hin, boten ihm Weinessig an und sagten: ›Wenn du der König der Juden bist, dann hilf dir selbst!‹ Über seinem Kopf war eine Aufschrift angebracht; sie lautete: ›Dies ist der König der Juden.‹

Einer der beiden Verbrecher, die mit ihm am Kreuz hingen, höhnte: ›Du bist doch der Messias, oder nicht? Dann hilf dir selbst, und hilf auch uns!‹

Aber der andere wies ihn zurecht. ›Fürchtest du Gott auch jetzt noch nicht, wo du doch ebenso schlimm bestraft worden bist wie dieser Mann und wie ich?‹, sagte er zu ihm. ›Dabei werden wir zu Recht bestraft; wir bekommen den Lohn für das, was wir getan haben. Er aber hat nichts Unrechtes getan.‹

Dann sagte er: ›Jesus, denk an mich, wenn du deine Herrschaft als König antrittst!‹

Jesus antwortete ihm: ›Ich sage dir: Heute noch wirst du mit mir im Paradies sein.‹«

Lukas 23

Das Evangelium, die froh machende Botschaft, ist kein Ratschlag. Es ist eine Nachricht. Eine Neuigkeit.

Ich wünsche mir von ganzem Herzen, dass du diesen Schritt tust. Es wäre die wichtigste Entscheidung deines Lebens und erst der Anfang deines neuen Lebens.

Liebe Grüße,
Ramsy
+++

Bis heute frage ich mich, wie er all das in zwei Stunden maßgeschneidert für mich aufs digitale Papier bringen konnte. Zwei Stunden, vorausgesetzt, er hat meine Mail in der Sekunde des Versendens auch gelesen.

Beim ersten Lesen dachte ich: »Mannometer, dieser Ramsy schreibt aber ganz gern ausführlich.« Bei Bibelzitaten zuckte ich noch immer etwas, weil es dann meistens fordernd wurde. Man bekam nicht alles vorgekaut, sondern musste sich wirklich Gedanken machen und in sich hineinhorchen, was es auslöst. Also las ich die Nachricht von Ramsy wieder und wieder. Erschien mir der Absender am Anfang noch ein wenig verklärt und sehr in einem Dogma verhaftet, so wurde es von mal zu mal – sagen wir – sinnvoller für mich. Aus einer allgemeingültigen Predigt, bei der bei mir nur jeder fünfte Satz kleben blieb und aus der ich mir herausfischte, was mir schmeckte, wurde eine sehr private Nachricht, die exakt auf meine Fragen Antworten gab.

In Bullet-Points habe ich es für mich so zusammengefasst:

- Der Mensch hat seinen gottgegebenen, freien Willen, zu entscheiden, was falsch und richtig ist.
- Das Ergebnis deckt sich oft nicht mit Gottes Geboten. Daher gab er uns das Gesetz, die zehn Gebote.
- Kein Mensch kann sich bei einer strammen Auslegung der Gebote als »frei von Sünde« bezeichnen. Erst recht nicht, wenn Jesus diese Gebote verfeinert und beispielsweise schon ein anzüglicher Blick zu einem Ehebruch werden kann. Ergo: Wir alle sind Sünder.
- Jesus kam in die Welt, um all unsere Sünden auf sich zu nehmen und dafür am Kreuz zu sterben. Er befreite uns.
- Er nimmt auch heute noch alle Sünden von uns auf sich. Alles, was wir zu tun haben, ist, uns Jesus zuzuwenden und mit Leib und Seele an ihn zu glauben.

Das liest sich jetzt vielleicht ein wenig wie »Christentum für Dummys« und war in vielen Punkten eine Wiederholung dessen, was Marie mir schon Monate zuvor erzählt hatte. Aber ich war ein Dummy, der erst langsam begriff, welche zentrale Figur Jesus in meinem Leben ist, wie alles entscheidend im christlichen Glauben.

Ich fürchte, für manche Menschen ist es schwer nachzuvollziehen, wie für mich aus einem Unwissen nach und nach eine Erkenntnis wurde, die sich schließlich zu fester Überzeugung – zu Wissen – manifestierte. Alles, was ich selbst dazu beigetragen hatte, war, mich auf den Gedanken einzulassen, dass Jesus unser Erlöser war. Die Gewissheit kam von selbst. Ich erfuhr sie innerlich, im Gebet, in Gesprächen. Ich fühlte mich sicher und gehalten in diesem Wissen. Nicht allein.

Als ich zurückdachte an meine erste Diskussion mit Marie, merkte ich, wie weit das Wegstück bereits war, das ich zurückgelegt hatte zwischen dem Trainingscamp im Allgäu und diesem Reflektieren in Dänemark.

Schwein oder Schaf?

Natürlich waren damit längst nicht alle Fragen beantwortet.

Eine, die auf der Hand lag, lautete: Wenn Jesus für unsere Sünden gestorben ist und alle Sühne auf sich genommen hat – dann kann ich mich ja weiterhin wie eine Wildsau benehmen. *Ist ja alles vergeben und vergessen, oder?*

Dass ich mit dieser Frage nicht allein dastand, las ich im Römerbrief (Kapitel 6). Apostel Paulus selbst stellt sie nämlich hier: »Wenn unser Leben unter der Gnade steht und nicht unter dem Gesetz, ist es dann nicht gleichgültig, ob wir weiterhin sündigen?«

Allerdings lieferte er mir bei einer abendlichen Bibellektüre auch gleich wieder die Antwort:

»Niemals! Überlegt doch einmal: Wenn ihr euch jemandem unterstellt und bereit seid, ihm zu gehorchen, seid ihr damit seine Sklaven; ihr seid die Sklaven dessen, dem ihr gehorcht. Entweder ihr wählt die Sünde und damit den Tod, oder ihr wählt den Gehorsam Gott gegenüber und damit die Gerechtigkeit.

Aber Dank sei Gott, dass die Zeit vorbei ist, in der ihr Sklaven der Sünde wart, und dass ihr jetzt aus innerster Überzeugung der Lehre gehorcht, die uns als Maßstab für unser Leben gegeben ist und auf die ihr verpflichtet worden seid. Ihr seid von der Herrschaft der Sünde befreit worden und habt euch in den Dienst der Gerechtigkeit stellen lassen. Früher habt ihr euch in den verschiedenen Bereichen eures Lebens gewissermaßen wie Sklaven in den Dienst der Unmoral und der Gesetzlosigkeit gestellt, und das Ergebnis war ein Leben im Widerspruch zu Gottes Gesetz. Jetzt aber macht euch zu Sklaven der Gerechtigkeit, und stellt alle Bereiche eures Lebens in ihren Dienst; dann wird das Ergebnis ein geheiligtes Leben sein.«

Erleichtert nahm ich zur Kenntnis, dass Paulus im selben Kapitel schrieb, er benutze das Bild vom Sklavendienst nur, damit jeder versteht, worum es geht. Ansonsten hätte ich womöglich ein Problem damit gehabt. Schließlich war mein Gefühl nicht: »Juchheee, jetzt bin ich endlich ein guter Sklave unter einer wohlmeinenden Peitsche.« Außerdem hatte ich immer wieder von der Freiheit gelesen, die der Glaube doch schenkte, und begann, sie zu fühlen.

Dennoch half mir diese Stelle zu begreifen: Auch Freiheit verpflichtet. Oder – wie es im Galaterbrief (5, 13 ff) steht: »Geschwister, ihr seid zur Freiheit berufen! Doch gebraucht eure Freiheit nicht als Vorwand, um die Wünsche eurer selbstsüchtigen Natur zu befriedigen, sondern dient einander in Liebe.«

Das Thema ließ mich nicht los. Ich kannte mich ja selbst gut genug und wusste, wie nah an der Sünde ich gebaut war. Also verheddertete ich Marie und Ramsy in eine weitere heitere Facebook-Diskussion. Irgendwann landeten wir beim Bild von Schweinen und Schafen – und Ramsys Zusammenfassung war ungefähr folgende:

Dem gläubigen Christen macht es keinen Spaß zu sündigen. Er wälzt sich nicht voll Freude im Dreck wie ein Schwein. Er ist eher ein Schaf, das sauber bleiben will. Trotzdem fällt er wieder und wieder in den Matsch. Er besudelt sich, sündigt, veranstaltet eine

Riesen-Sauerei. Aber danach – und oft schon davor und während-
dessen – sehnt er sich nach einem weißen Fell. Er will nicht dreckig
sein. Ja, die Sünde wird ihm zwar vergeben. Aber er strebt aufrich-
tig danach, ein reines, weißes Schaf zu bleiben – aus Liebe zu Gott
und Jesus Christus und in dem Wissen, dass jeder Fehltritt einen
weiteren Nagel in die Hände des gekreuzigten Jesu bedeutet. Er will
nicht wie ein Schwein mit Anlauf, allen Vieren voran und freudi-
gem Grunzen von einem Sündenpfuhl in den nächsten hüpfen. Er
ist eher ein Schaf, das immer wieder im Schlamm landet, weil es im
Schlamm lebt.

Am Ende dieses leicht abstrusen Chats hatten wir uns auf ein
Schweinlamm geeinigt. Ich weiß noch, dass ich mehrfach kopf-
schüttelnd den nächsten Beitrag von Ramsy oder Marie las und
mir zwischendurch fast albern vorkam.

Doch dann passierte etwas Bemerkenswertes: Als jemand,
der Diskussionen liebte, hatte ich noch diverse »Abers« in Petto:
Eure Argumentation beginnt ja quasi beim Sündenfall, der histo-
risch doch höchst umstritten ist! ABER welche Beweise habt ihr,
dass es sich genauso verhält? Undsoweiterundsofort ... *Und ganz*
ehrlich: ein Schweinlamm?? Was, bitteschön, soll das denn sein?
Doch ich spürte – mal wieder –, dass die Beiden, das Lesen, die
Bibel, die Gebete mich ein weiteres Stückchen auf einem richtigen, guten Weg vorangebracht hatten.

Schatz, wir müssen reden!

Ich musste keinen Kampf mit mir selbst austragen. Auf meinen Schultern stritten nicht ein imaginäres Engelchen und Teu-
felchen miteinander darüber, was denn nun die korrekte Richtung sei; das eine aufgeregt vibrierend vor Glaubens-Inspiration

und halleluja-hafter Begeisterung, das andere besserwisserisch und in tiefster Skepsis nagend. Ich war nicht innerlich zerissen. Vielmehr machte sich überall eine Ruhe breit. Ein Friede. Ein Gefühl, das mich nicht länger zum Widerspruch ansporte, zu noch mehr ›Abers‹, sondern das in mir – klingt komisch, war aber so – leuchtete und mir gut gefiel.

Wenn »RICHTIG« ein Gefühl sein könnte: Das war es, was ich fühlte. Ich war beseelt. Mir ging's *richtig*.

Ich konnte es kaum erwarten, Gott davon im Gebet zu erzählen. Okay, er mag allwissend sein und meine Neuigkeit wird ihn nicht vom Stuhl gehauen haben. Aber was für ein anderes Beten war das! Längst nicht mehr das pflichtschuldige »Muss noch beten, sonst hab ich mein Tagespensum nicht erreicht«. Sondern ein aufgeregtes Plappern: »Guter Gott! Ich glaube, heute habe ich etwas verstanden, das ziemlich dramatische Auswirkungen auf unser Verhältnis haben könnte!« Es war, als würde ich mit vielen Einsen auf dem Zeugnis auf dem Weg von der Schule nach Hause sein. Voller Ungeduld, das Blatt Papier endlich meinen Eltern zeigen zu können, damit sie sich gemeinsam mit mir freuten.

Als unser Urlaub in Skiveren zu Ende ging und wir uns im Auto auf die Heimfahrt machten, beschloss ich, darüber mit Sophie zu sprechen. Ich hatte ein bisschen Bammel davor. Natürlich hatte sie mitbekommen, wie sehr mich das Thema Glaube in den letzten Jahren, besonders den letzten Monaten, umgetrieben hatte. Nie hatte sie mir das Gefühl gegeben, dass sie das komisch fände oder mich bremsen wolle. Im Gegenteil.

Aber nun brannte etwas in mir, das nach konkreten Veränderungen in meinem Leben schrie. Nie hatten wir zum Beispiel darüber geredet, wie wir den Glauben unseren Kindern Elsa und Fritz vermitteln wollten. Beziehungsweise: OB wir unseren Kindern von Gott erzählen wollten – oder ob sie ihre Erfahrungen ganz allein machen und ihre Entscheidung später ganz allein treffen sollten. War ja auch noch nicht so dringend, schließlich war Fritz damals erst zwei Monate alt und Elsa noch nicht einmal zwei Jahre.

Ich fand, dass eine achtstündige Autofahrt zurück nach Berlin mit schlafenden Kindern auf der Rückbank der ideale Moment für so ein Gespräch sei. Also begann ich kurz nach der Auffahrt auf die Autobahn, Sophie von meinen Gedanken zu berichten. Ich erzählte ihr, dass ich mein Leben nach Jesus ausrichten möchte. Viel intensiver und konkreter, als dies bislang der Fall gewesen war. Ich sagte: »Ich habe viel über Bekehrung und Umkehr gelesen. Und dieser Gedanke gefällt mir sehr. Es fühlt sich gut an, nicht nur hier und da ein Stellschräubchen zu verändern, sondern sich wirklich auf Gott und sein Wort einzulassen. Ich habe sehr viel in der Bibel gelesen. Besonders im Neuen Testament. All die Vorurteile, die ich so lange gepflegt habe, haben sich in Luft aufgelöst. Es geht da um Frieden, Barmherzigkeit und Nächstenliebe. Und je mehr ich gelesen habe, je mehr ich gebetet habe und je mehr ich mit anderen Christen geschrieben und diskutiert habe, desto besser fühlt es sich an.« Sophie schwieg kurz, guckte mich dann freundlich an und sagte: »Das finde ich schön.«

In diesem Moment schickte ich ein schnelles Stoßgebet gen Himmel. Puh! Das hatte ich mir schwieriger vorgestellt. Egal, wie detailreich meine Schilderungen wurden: Hatte ich vorher noch gedacht, Sophie würde irgendwann ins Steuer greifen und mich an der nächsten Klappsmühle aussteigen lassen, so war sie eigentlich nur aufmerksam, interessiert und absolut offen und positiv.

Schon komisch: Da waren wir bereits neun Jahre ein Paar und immerhin schon seit vier Jahren verheiratet, doch ich hatte kein Gefühl dafür gehabt, in welcher Beziehung sie zu Gott stand. Sie hatte sich gemeinsam mit meinem Neffen einige Jahre zuvor taufen lassen. Das hatte mich gefreut. Aber wir hatten nie intensiv über die Bedeutung dessen für sie gesprochen. Wie schon erwähnt: Sie hat eine eigene Geschichte, wie sie dorthin gefunden hat, die ich hier nicht erzählen will, deren Tiefe ich selbst aber auch gar nicht so genau kannte. Umso schöner war es für mich, diese Reaktion zu bekommen. Keine Ablehnung, einfach nur sanftes Verständnis und Zustimmung.

Eine Sache erbat sie sich dann aber doch: »Wäre schön, wenn du nicht planst, in irgendeine Sekte abzudriften! Das würde mir Angst machen.« Das konnte ich ihr aus reinem Herzen versprechen. Wenn wir Sekte als eine abgeschottete Glaubensgemeinschaft begreifen, die nicht offen im Leben steht, sondern ihre eigenen Hierarchien und Mauern aufbaut, dann hatte das für mich nichts mit dem Christentum zu tun, von dem ich bislang in der Bibel gelesen hatte und das mein Herz so in Wallung versetzte.

Mit allemann am Ballermann!

Ich war kurz vor einer entscheidenden Wende in meinem Leben. Diese Erkenntnis hatte sich wie ein gutes Kribbeln in mir ausgebreitet und war fast immer da. Manchmal sprüht man vor prächtiger Laune und weiß gar nicht genau, warum. Erst, wenn man sich besinnt und dem Gefühl innerlich nachspürt, kommt es ins Bewusstsein: »Achja, ich fahre nächste Woche in Urlaub!« oder »Stimmt! Morgen treffe ich wunderbare Freunde!« So ungefähr jubilierte ich die ganze Zeit vorfreudig vor mich hin. »Hey! Du bist Gott ein Stück näher gekommen. Er freut sich auch auf dich!«

Mir fiel aber ein, wie es mir vor den Wochen in Dänemark ergangen war: Wenn ich allein war, dann kam ich zur Ruhe und fand die Idee absolut reizvoll und erfüllend, ein gottgefälliges Leben zu führen. Doch es passte einfach nicht in meinem Alltag. Nicht, dass mein Standard-Tagewerk darin bestand, von morgens bis abends zu sündigen. Es gab jedoch auch wenig Spuren des Glaubens in meinem »normalen« Leben. Ich tat das, was ICH für richtig hielt. Wie Ramsy schon geschrieben hatte: Ich hatte eine konkrete Vorstellung davon, was falsch und richtig war. Aber das war meine Vorstellung, die sich glücklicherweise hier und da mit den Gottesworten deckte. Aber eben nicht immer.

Partys und Alkohol waren Beispiele dafür. Ich fand nichts Störendes daran, hin und wieder bis in den Morgen zu trinken und zu feiern. Streiche »hin und wieder« und ersetze durch »gern und oft«. Aber die Bibel hat da recht klare Worte. Wein wird da auch getrunken, Alkohol per se nicht verteufelt. Ohne Rebstock- oder Weinberg-Metaphern wäre die Bibel sogar um einiges ärmer. Aber in Epheser 5, 18 heißt es zum Beispiel: »Und trinkt euch keinen Rausch an, denn übermäßiger Weingenuss führt zu zügellosem Verhalten. Lasst euch viel mehr vom Geist Gottes erfüllen.« Solche Stellen finden sich häufig. Freude, Jubel, Genuss – das alles ist überhaupt nicht verwerflich.

Im Gegenteil: Wieder und wieder werden die Christen dazu eingeladen, fröhlich zu sein und die Freude zu zeigen. Aber sich so richtig mit einer Palette Dosenbier die Festplatte formatieren oder – etwas gehobener – die explizite Mahnung der Cocktail-Karte (»Nicht mehr als drei!«) ignorierend doch noch den vierten Long Island Iced Tea ordern – das fällt dann eben nicht mehr unter Fröhlichkeit, sondern unter Vollsuff.

Ich war kein Trunkenbold. Es gab bei mir kein regelmäßiges oder tägliches Bier-Trinken. Vor Schnaps hatte ich stets einen Riesen-Respekt. Wein fand ich immer reizvoll, weil ich die Rotwein-Gespräche so schätzte – aber irgendwie konnte ich das Tammtamm drumherum nicht wirklich ernst nehmen. Zuhause habe ich fast nie getrunken. Ich war eher so der gesellige Trinker. Olympiareif eigentlich nur in der Disziplin Bier. Dort allerdings sowohl im Sprint als auch im Marathon. Flinke vier Bier nach Feierabend an der Bar mit Kollegen waren nichts absolut Außergewöhnliches in meinem Alltag.

Außerdem hatte ich seit jeher einen Hang dazu, der Letzte zu sein, der noch am Tresen blieb. Und damit einher ging die Eigenschaft, auch über die lange Distanz gehen zu können. Konkret hieß das: Wenn jemand am Samstagabend gegen Mitternacht nach acht, neun Bier den Heimweg antreten wollte, sinnierte ich mit Vorliebe darüber, ob sein rosa Schlüpfer wohl kneife und wie groß der Pantoffel sei, unter dem er stehe – und war meist erfolgreich darin, zumindest einen aus der Gruppe noch dazu zu bewegen, in irgendeine Schrammel-Spelunke oder einen fantastisch niveaulosen Schlagerladen zu wanken.

Mit meiner Frau, die es gern zuhause gemütlich hatte (und kaum eine Wahl hatte, seit unsere Kinder auf der Welt waren), hatte ich die Verabredung, dass ich rumfeiern konnte, solange ich wollte. Ihre einzige Bitte war: »Sei doch spätestens um fünf Uhr früh zuhause. Dann werde ich meist das erste Mal wach. Und wenn du nicht da bist, sorge ich mich und komme nicht mehr zur Ruhe.« Ich habe es redlich versucht, oft geschafft, sehr oft nicht. Ich war eben immer gern der Letzte, der stand. Immer in Angst, den Höhepunkt der Nacht zu verpassen, weil ich fünf Minuten zu früh gegangen war.

Abgesehen von dieser Unzuverlässigkeit und dem Unfrieden, den ich damit bei meiner Sophie gestiftet habe, erschien es mir nicht so verkehrt, öfters mal die Nacht zum Tage zu machen. Die Bibel sah das offenbar anders.

Das ist ein wunderbares Beispiel für all das, was ich versuche zu beschreiben: Ich fühlte mich nicht als Sünder. Ich sah nichts Schlechtes darin. Natürlich waren es oft besoffene Momente, in denen ich daneben langte. Aber das war ja schließlich eine andere Geschichte. Finger weg vom Alkohol – nur weil ich mich manchmal etwas gehen ließ? Mir war stets ein anderer Ansatz sinnvoller erschienen: Das arme Bier konnte doch nix dazu, dass ich in seltenen Fällen mal über die Stränge schlug. War es nicht mein ganz persönliches Problem, mit dieser Herausforderung klarzukommen? Nun ja, die Bibel hat da eben klare Worte. Und ich war drauf und dran, diese Worte zum Maßstab und zur Richtschnur meines Lebens zu machen.

Ich war dabei, Entscheidungen nicht mehr nach meinen Vorgaben zu fällen, sondern einen anderen – Gott – diese Entscheidungen treffen zu lassen oder zumindest seine Worte zu konsultieren und als maßgeblich in meiner Entscheidungsfindung anzusehen. Da merkte ich die krasse Bedeutung dieser Worthülse »Umkehr«, wenn man sie mit Leben füllt.

Gläubige Christen bezeichnen die Umkehr oder Bekehrung oft als eine neue Geburt, ein neues Leben. Man erblickt das Licht der Welt. Eine komplett neue Chance. Alles zurück auf Null. Klingt spektakulär und aufregend. Aber war ich wirklich bereit, all meine eigenen Prioritäten aufzugeben? War ich vielleicht nur berauscht von einer Idee? Oder war ich drauf und dran, ein Tor aufzustoßen? Mich auf den schmalen Pfad zu begeben, auf den uns Jesus in der Bibel ruft? Wie leicht würde mir der Abschied von meinen liebgewordenen Gewohnheiten wirklich fallen?

Ich wollte diesen Schritt nicht unüberlegt gehen. Das war ja nicht wie eine Diät: Man probiert mal aus, verzichtet ein paar Tage auf üppige Speisen – aber wenn man dann doch wieder mit dem Gesicht im Miracoli-Teller landet und zwei Mal Nachschlag fordert, ist es halt auch nicht sooo schlimm. Wird schon bei der nächsten Diät klappen. Und überhaupt: *Sooo moppelig bin ich doch eigentlich auch nicht …*

Nein! Diese Umkehr – wenn ich sie denn wagen würde – war mir enorm wichtig. Ich wollte sie ernster nehmen als alles andere. Wenn, dann wollte ich sicher sein. Ich wollte Gott erfahren haben, mit Herz und Seele wissen, dass es Zeit ist für diese »neue Geburt«. Ich hatte allerdings keine Ahnung, wie ich das herausfinden sollte.

Es war eine sehr spannende, innere Unsicherheit: Bin ich bei diesem Schritt eigentlich Anführer oder Geführter? Was muss ich selbst dazu beitragen? Wie sehr muss ich mich selbst prüfen, um aus tiefstem Herzen mein Leben allein auf Gott aufbauen zu können? Und wie sehr muss ich mich leiten lassen? Bin ich eingeladen und ich werde schon auf den rechten Weg finden, weil Gott mich führt? Oder muss ich selbst aktiv werden und auf die Suche gehen?

Die zurückliegenden Monate waren wohl eine Mischung aus beidem. Ich hatte selbst neue Ansätze ausprobiert, zahllose Gespräche geführt, hatte neue Gedanken zugelassen, hatte die Bibel zu meiner täglichen Lektüre gemacht. Ich war aktiv dabei, mich zu ändern. Gleichzeitig ließ ich mich führen, horchte in mich hinein und betete zu Gott, dass er mir dabei hilft, den Weg zu finden. Die Antworten erfuhr ich innerlich und habe sie hier schon mehrmals beschrieben: innere Ruhe, Frieden, Wissen, dass etwas richtig ist. Sich richtig fühlen. Im Reinen sein.

Im 2. Korinther-Brief 13, Vers 5 steht: »Stellt euch selbst auf die Probe, um zu sehen, ob ihr im Glauben gefestigt seid; prüft, ob ihr bewährt seid. Eigentlich müsstet ihr doch erkennen, ob Jesus Christus in eurer Mitte ist, oder nicht? Andernfalls hättet ihr ja die Probe nicht bestanden.« In Psalm 139, Verse 23 und 24, bittet David: »Erforsche mich, Gott, und erkenne, was in meinem Herzen vor sich geht; prüfe mich und erkenne meine Gedanken! Sieh, ob ich einen Weg eingeschlagen habe, der von dir wegführen würde, und leite mich auf dem Weg, der ewig Bestand hat!« Auch in der Bibel geht es also um Prüfen und Geprüft-Werden.

Daher: zurück zum Alkohol – und zu meiner ultimativen Prüfung! Der Alkohol sollte mein Pars pro Toto werden. Mein Fokus-Test: Wie bereit bin *ich* zur Umkehr zu Gott? Was hat *Gott* mit mir vor? Wenn ich selbst in diesem Bereich meines Lebens nicht bereit wäre, meinen eigenen Spaß hinten anzustellen, dann vermutlich auch nirgendwo sonst.

Nun könnte man sicherlich mit längerfristigem Party-Entzug seine Bereitschaft testen. Ich wählte den unterhaltsameren Weg: Richtig Vollgas geben – und dabei ständig in mich hineinhören, ob ich wirklich vorbereitet bin, darauf zu verzichten. So wie ich Marie vorher wieder und wieder geschrieben hatte, dass ihre Ratschläge nüchtern betrachtet und in entspannten Unterhaltungen zwar sehr gut klangen, sie aber mit meinem echten Leben leider nicht kompatibel seien – so wollte ich diesmal sehr bewusst herausfinden, ob das wirklich so ist. Im Zwiegespräch mit mir selbst und mit Gott.

Also: AUF NACH MALLE!

Es bricht mir kein Zacken aus der Krone, einzugestehen, dass mein Party-Niveau nicht gerade in der obersten Schublade angesiedelt ist. Das geht zwar auch mal. Aber statt Wein und Champagner hieß mein Getränk der Wahl eben Bier. Statt zu Minimal-Electro, Jazz-Funk oder Deep-House konnte (und kann) ich so ziemlich zu jedem Schlager, jedem Karnevalslied und jedem Lagerfeuer-Gassenhauer feiern. Meist sehr textsicher und laut. Ich war zwar kein Ballermann-Veteran – aber hatte zu Abi-Zeiten zwei sehr amüsante »Urlaube« dort verbracht und daher eine recht genaue Vorstellung davon, was auf mich zukommen würde.

An einem Wochenende im August 2013 brachen also vier Freunde und ich zur dreitägigen Party nach Arenal auf. Motto: »Was auf Mallorca passiert, bleibt auf Mallorca.« Und diese Verabredung war gut. Denn wir ließen wirklich nichts aus. Es war herrlich und völlig daneben. Einige verschwommene Erinnerungen, die diesen Kodex nicht brechen, weil sie nur mich betreffen:

- Ich habe es nicht geschafft, die Rekordmarke eines Freundes von 27 Gläsern Bier an einem Tag zu knacken (Voraussetzung pro Glas: 0,3 Liter oder größer). Aber nur, weil es Voraussetzung war, von jedem Glas ein Foto zu machen – und ich es nach Glas 26 offenbar einfach vergessen hatte. Das fiel mir aber erst am nächsten Tag beim Durchzählen auf. Mann, hab ich mich geärgert.
- Eine Tanzpartnerin im »Bierkönig« wies mich höflich darauf hin, dass mein Fuß blutete. Erst fragte ich mich, warum wohl, und überlegte, ob ich irgendwo in eine Scherbe getreten sei. Dann fragte ich mich, warum ich überhaupt barfuß im »Bierkönig« rumlief. Die Antwort fehlt bis heute.
- Bei den Straßenverkäufern entlang der Playa de Palma gab es kleine, aber lautstarke Megaphone für zehn Euro. Da konnte man nicht »Nein« sagen. Als wir später in einem gehobeneren Restaurant – also keine Sangria-Eimer auf dem Tisch – essen waren, startete ich mit eben jenem Megaphon eine große Polonaise zwischen den Tischen hindurch. Und wir flogen achtkantig raus.

Der Rest fällt unter »Was auf Mallorca passiert, bleibt auf Mallorca« – doch man bekommt vielleicht einen Eindruck, dass

Kultur und Wellness nicht ganz oben auf der Agenda unseres Kurztrips standen. Aber was stellte das nun mit mir an – und mit meiner Suche nach Gott?

Ich war mir zunächst selbst nicht so sicher. Mallorca hatte Spaß gemacht. Ja. Ich hatte kein schlechtes Gewissen. Nicht ständig das Gefühl, etwas falsch zu machen. Aber wenn ich über die Worte der Bibel nachdachte und wenn ich mich still an Gott wandte, spürte ich – nichts. Ich hatte mich nicht mit einem Wochenende in die Hölle katapultiert. Aber auch in keiner Weise bereichert. Dieses wohlig warme Gefühl der inneren Ruhe hatte ich nicht. Es fühlte sich an wie vergeudete Zeit.

Ich hatte niemandem geschadet. Keinen verletzt. Nicht geklaut oder gelogen oder sonst irgendetwas, das auf den ersten Blick klassisch »falsch« gewesen wäre. Trotzdem war dieses Wochenende, das überlief vor Alkohol und Zuviel-von-allem, nicht das, was Gott von mir verlangte, und etwas, das im Widerspruch stand zu dem, was die Bibel uns anleitet zu tun. Es war etwas, das mit meinem alten Glaubensbekenntnis »Gott ist Liebe« durchaus zu rechtfertigen gewesen wäre. Das mir aber plötzlich hohl vorkam. Nett für mich und meine Laune. Aber völlig wertlos auf meinem Weg. Nicht den Worten der Bibel entsprechend. Eigentlich ein klarer Verstoß: »Und trinkt euch keinen Rausch an.« Also Sünde.

Das hatte ich auch vorher gewusst. Aber es war etwas Neues, darüber nachzudenken, während man sich dem Vollrausch hingab. Dies war ja nur ein Beispiel von vielen Momenten in meinem Leben. Momenten, in denen ich mein eigenes Leben lebte, Dinge nach meinen Maßstäben beurteilte und nicht Gottes Wort zur Richtschnur für mein Handeln machte. Zum ersten Mal wusste ich, dass ich wirklich sein Wort zulassen wollte – und nicht meine Interpretation. Dass ich bereit war umzukehren.

Auf einer Jugendfreizeit hatte ich mal einen Stein mit einem Bibelspruch aus Psalm 119 bemalt und diesen später als Türstopper zu meinem Zimmer verwendet: »Dein Wort ist meines Fußes Leuchte und ein Licht auf meinem Weg.« Bemerkenswert, wenn man bedenkt, dass ich damals und all die Jahre danach dieses Wort quasi nicht gekannt und mich auch nicht bemüht hatte, es kennenzulernen. Obwohl ich tausende Male an diesem Stein neben meiner Türschwelle vorbeigegangen war, hatte ich ihm nie die Aufmerksamkeit geschenkt. In meinen neuen Gebeten änderte ich diesen Vers nun ab. Nicht »ein Licht«, sondern »DAS Licht« sollte Gottes Wort für mich sein. Das war es, was ich wollte. Und es kam mir so vor, als wollte nicht nur ich das – sondern auch Gott.

Ich war mir bewusst, wie weitreichend dieser Schritt sein würde. Ein »Zurück« sollte es nicht geben. Zwar war Alkohol nicht das alles bestimmende Thema meines Alltags, auch wenn es von den letzten Seiten her so scheinen mag. Aber allein dieses Beispiel würde enorme Konsequenzen für mich haben. Und damit hörte es eben nicht auf. Ich wollte alles überprüfen. Gottes Wort sollte DAS Licht auf meinem Weg sein. So wurden meine Gebete mehr als nur Danken und Bitten. Sie wurden ein Fragen und Antworten. Ich brachte alle meine Unsicherheiten und Fragen vor Gott und wusste irgendwann: Die Umkehr ist richtig. Sie ist nicht nur richtig, sie ist der einzige Weg, um mein Leben zu retten. Um mein Leben wertvoll zu machen.

Der Weg lag von Moment zu Moment deutlicher vor mir: *Wenn ich Gott danken möchte für all das, was er mir gegeben hat, dann sollte ich nach seinem Wort leben. Wenn ich daran glaube, dass Jesus gestorben ist, um unsere Sünden auf sich zu nehmen, dann sollte ich nach seinem Wort leben. Wenn ich Gott um etwas bitten will, dann sollte ich zuerst nach seinem Wort leben. Wenn ich Ängste und Sorgen habe und um Beistand bitte, dann sollte ich zu-*

allererst nach seinem Wort leben. Wenn ich mich Christ nenne und Gott glaube und in ihm all die gute Macht sehe, mit der er beschrieben wird, dann sollte sein Wort das Wichtigste und einzig Richtige in meinem Leben sein. Oder: Wenn es keinen Gott gibt, ist das alles Mumpitz. Wenn ich aber an Gott glaube, dann kann es keine halben Sachen, kein »Ja, aber ...« geben. Ein bisschen Glauben gibt es nicht!

Zwei Tage nach unserer Rückkehr aus Mallorca, am 27. August 2013, beschloss ich, dass Alkohol von diesem Moment an in meinem Leben keine Rolle mehr spielen würde. Nicht nur wegen all der Gründe, die ich beschrieben habe. Auch weil ich im Gebet gespürt hatte, dass Gott genau das von mir wollte. Es waren viele Gebete, viele innere Antworten und noch mehr Fragen. Die sehr geraffte Zusammenfassung kann man sich so vorstellen: Ich: »Okay, ich lasse mich darauf ein. Aber meinst du wirklich, dass ich das schaffe und nicht bei der nächsten großen Party umkippe und schwach werde. Dass ich das fröhliche, sorglose, betrunkene Party-Machen nicht zu sehr vermissen werde?« Er, in meinem Inneren, flüsternd, als Gefühl, als zuversichtliches Nicken des Herzens: »Vertrau mir!« Ich vertraute, ich ging eine Beziehung mit ihm ein – und es wurde wunderbar ...

Die Umkehr

Sollte ich Gäste einladen? Eine richtig große »Umkehr«-Party schmeißen? Oder wie sieht so ein Schritt eigentlich aus? *»Liebe Freunde, hiermit lade ich euch herzlich ein zu meiner Bekehrung«?* Ich dachte wirklich darüber nach. Schließlich war für mich dieses Ereignis wichtiger als meine Taufe als Kleinkind. Diesmal wollte ich bewusst eine Vollbremsung auf meinem bisherigen Lebensweg hinlegen, das Steuer herumreißen oder – noch richtiger – das Steuer aus der Hand geben und die Kehrtwende zulassen.

Ich plane leidenschaftlich gern. Und irgendwie hatte ich das Gefühl, ich müsste doch noch irgendetwas vorbereiten können. Es müsste das perfekte Datum sein. Oder es müsste einen konkreten Anlass geben. Aber dann passierte es ganz von selbst.

Ich lag abends allein in unserem Ehebett. Das passierte je nach Schlafphase unserer Kinder immer mal wieder. Jeder schlief mal irgendwo. Manchmal die Kinder in ihrem Zimmer und Sophie und ich in unserem. Dann wieder bunt gewürfelt, je nachdem, wer gerade welches Nähe-Bedürfnis hatte. An diesem Abend – tippe ich mal – schlief Elsa in ihrem Bett und Fritz auf dem Gäste-Doppelbett bei Sophie. Ich jedenfalls hatte das urgemütliche Ehebett ganz für mich allein und betete, wie ich es eigentlich an jedem Abend tat.

Hape Kerkeling schreibt in seinem Buch »Ich bin dann mal weg«, dass er Gott begegnet sei. Wie genau, was da konkret passiert ist – darüber lässt er sich nicht aus. Das hat mich am Anfang etwas geärgert, weil es genau der Moment war, der mich in all seinen schillernden Details am meisten interessiert hätte. Aber: Was dort passiert sei, schreibt Hape Kerkeling, beträfe nur Gott und ihn. Gerne würde ich nun verkünden: Vorhang auf! Jetzt erzähle ich mal Sekunde für Sekunde, wie so eine Gotteserfahrung wirklich abläuft. Doch die Wahrheit ist: Hape Kerkeling hat Recht. In meinem Fall würde ich nicht sagen, es hat ausschließlich Gott und mich betroffen. Vielmehr, dass es fast unmöglich ist, so eine Gotteserfahrung in Worte zu fassen, ohne dass es sich komisch anhört, romantisch verklärt oder um blumige Superlative ringend wie in einem Rosamunde Pilcher-Roman.

Ich will dennoch mein Bestes geben.

Ich betete also wie jeden Abend. Es war längst kein steifes, vorsichtiges Formulieren mehr. Zwar gab es durchaus Eckpunkte in meinen Gebeten, die ich aus einem Buch abgeschaut hatte, weil sie mir als Erinnerungsstütze gut gefallen haben: Lob, Dank, Buße, Bitte, Fürbitte. Aber es war inzwischen ein echtes, offenes, ehrliches Gebet geworden. Ohne falsche Verlegenheiten und ohne Schönfärberei und Selbstbetrug mir gegenüber. Ich weiß nicht mehr, worüber genau ich gebetet habe (»worüber ich gebetet habe« – über so einen Satz hatte ich noch wenige Monate zuvor verständnislos den Kopf geschüttelt). Ich weiß jedoch, dass mich auch in diesem Gebet der Gedanke zur Umkehr umgetrieben hat.

Ich lag auf dem Rücken, die Hände gefaltet. Und dann (jetzt wird es etwas abgefahren): Eine Wärme, ganz nah an der Hitze, rollte über mich. Ich musste grinsen und hatte plötzlich Tränen in den Augen. Der Moment war da – und es schüttelte mich. Ich weiß noch, dass ich meine Augen geschlossen hatte, und merkte, wie sie nass wurden. Und wie sehr ich mich freute. Ich wunderte mich und ich freute mich. In Ekstase geriet ich nicht. Ich versuchte, diese Welle von – wie nennt man angenehmen Schüttelfrost? Schüttelwärme? – ich versuchte, diese Welle von Schüttelwärme selbst zu steuern. Überprüfte, ob ich das selbst hinkriege, wenn ich irgendwas wiederhole. Zu tief einatmen, die Füße komisch verdrehen, alle Muskeln entspannen. Das hatte aber alles keine Auswirkungen. Also ließ ich es zu und genoss den Moment.

Es war pures Glück. In meiner Erinnerung brannte das Licht, es war hell im Zimmer. Das muss Quatsch sein, denn ich bete immer erst, nachdem ich das Licht ausgeknipst habe. Aber so fühlte sich dieser Moment mit Gott an. Hell, warm, glücklich. Es war das glücklichste JA, das man sich vorstellen kann. JA, ich kehre JETZT um! Ab hier gibt es kein Zurück mehr. Auch kein Rechts und kein Links oder ein bisschen kurvig. Nur JA! Geradeaus! JA zu Gott. Ich hatte das Gefühl, als würde mich Gott persönlich umarmen. Alles war so klar, hell und freundlich. Es gab keine Zweifel. Nur Gewissheit und Ruhe.

DANKE! Das hab ich gebetet. Das weiß ich noch. Und dann habe ich aufgeräumt im Gebet. Aufgeräumt mit mir selbst. Natürlich kennt Gott meine Geheimnisse. Selbstverständlich hatte ich schon mehr Missetaten in Gebeten bereut und um Verzeihung gebeten, als man sich vorstellen kann. Aber diesmal ging es um das große Ganze. Ich ließ nichts aus. Egal, wie peinlich es mir war. Ja, ich glaube, fast jeder hat echte Geheimnisse. Auch solche, die man sich selbst gegenüber am liebsten nicht eingestehen möchte, bei denen allein der stille Gedanke daran Gänsehaut verursacht. Aber in diesem Gebet war es Zeit, alles vor Gott zu bringen. Vor den Gott, der mich gerade in diesem Moment fest in seinen Armen hielt. Immer fester, mit jedem abstoßenden Satz, den ich betete, mit jeder Sünde, zu der ich mich bekannte. Japp, Sünde trifft es. Ich war und bin ein Sünder. Nie war mir das klarer als in diesen Minuten. Nie fühlte es sich besser an, über all diesen Ballast mit Gott zu reden, ihn um Vergebung zu bitten und zu wissen, dass er zu dieser Vergebung bereit ist.

Ich nahm diese Vergebung sofort an. Das klingt vielleicht wie eine Selbstverständlichkeit – aber das war es nicht. Es war ein wahnsinnig wichtiger Schritt auf dem Weg zur Freiheit. Es war der Kloß im Hals, der sich endlich löste. Das Geröll auf dem Herzen, das endlich abrutscht. Es war, als würde ich eine Tonne Ballast abwerfen – und zwar nicht klammheimlich oder ängstlich, weil ich nicht weiß, ob ich sie nicht doch gleich wieder aufgeladen bekomme. Sondern ein für alle Mal, mit allem Fug und Recht und mit einem donnernden »Halleluja! Endlich frei!« Ich warf all den Dreck weg, all die Selbstsucht, die körperliche und materielle Gier, um mich fröhlich lachend in ein neues Leben zu stürzen. Um neu geboren zu werden in Gott.

In diesem Moment wurde er mein Vertrauter. Ich musste keine Rolle mehr spielen. Ich begriff, was es bedeutet, frei im Glauben zu sein. Diese Gottes-Berührung war so wundervoll, dass ich alles, wirklich alles dafür getan hätte, ihm ebenso viel Freude zu bereiten wie er mir. Es ist viel schöner, etwas geschenkt zu bekommen, wenn man weiß, wem man dafür danken kann. *Den Gedanken hatte Ramsy bei mir eingepflanzt, oder?*

Egal! Es stimmte so sehr! Wir tun gerne Dinge, die vielleicht nicht ganz oben auf unserer Favoritenliste stehen, wenn wir wissen, dass sie Menschen, die wir lieb haben, glücklich machen. Genau das war die Freiheit, die ich fühlte: Ich wusste, ab jetzt würde sich eine Menge für mich ändern. Zwar würde es kaum leichter werden. Aber ich würde es gern tun. Nicht mehr so etwas wie »Keine ›Ärzte‹ hören!« oder »Keinen Streit provozieren!« aus der Annahme heraus, dass irgendeine biblische Regel mich dazu zwingen würde. Sondern »Geduld lernen«, »Uneigennützigkeit leben«, »Liebe geben«, weil ich wusste, dass ich damit den froh machen würde, von dem ich selbst alles bekommen habe: Gott. Meinen Tröster und Retter. Meine Hoffnung und Zuversicht. Der Gnade, Respekt, Nächstenliebe und Vergebung ist. Der Liebe ist.

Mindestens eine halbe Stunde lang dauerte dieses Gebet. Und von mir aus hätte es die ganze Nacht dauern können. Aber irgendwann gehen einem die Worte aus. Vermutlich hätte ich noch stundenlang mit einem leicht debilen Grinsen und gefalteten Händen daliegen können. Vielleicht habe ich das sogar getan. Es war ein fantastischer Rausch. Aber diesmal ohne einen Kater am Morgen danach. Selbst heute noch könnte ich jubeln, wenn ich an diese Nacht denke. An die Nacht meiner ganz persönlichen Umkehr-Party. Gastgeber: Gott. Gast: ich.

Es ist merkwürdig, so etwas aufzuschreiben. Ich denke an viele enge Freunde und ihren Gesichtsausdruck, während sie so etwas von mir lesen, und ich frage mich, ob sie glauben, das sei der Moment gewesen, in dem ich meinen rationalen Verstand unters Kissen gepackt und bis heute nicht wieder hervorgeholt habe. Und gleichzeitig spüre ich die Nähe Gottes und die Ruhe, die sich sofort wieder in mir ausbreitet: Ich schreibe dies alles auf, weil ich hoffe, dass andere ebenfalls diese Erfahrung machen können, diesen Schritt wagen, zu Gott finden, seine Einladung annehmen. Ich schreibe es alles so im Detail auf, weil Gott mir auf mein Fragen und Zögern diesbezüglich in meinen Gebeten immer wieder zunickte: »Vertrau mir!«

Und nun?

Was jetzt?

Alles anders?

Ja und nein.

»Tu, was du schon tust – du brauchst das Rad nicht neu zu erfinden. Aber tu es mit einem neuen Blick. Mit dem Blick, dass ich – Gott – dir das zutraue. Du kannst das. Wage Vertrauen!«

Ich hatte einen neuen Blick!

Diese Worte eines Diozösenpräses empfand ich als wunderbar, als sie mir in einer Internet-Andacht begegneten. Denn sie beschrieben auf den Punkt, wie ich mich nach dieser Umkehr zu Gott fühlte. Gleichzeitig gaben sie Antworten auf sich aufdrängende Fragen wie: Was hast du denn nun geändert? Was heißt genau »Umkehr«? Job hingeschmissen? Für immer ins Kloster gegangen?

Nein. Von außen betrachtet hatte sich vermutlich gar nicht so viel von einem Gebet aufs andere geändert. Ich habe das Rad nicht über Nacht neu erfunden. Aber ich hatte einen neuen Blick. Ich hatte eine Beziehung zu Gott hergestellt. Und er und sein Wort waren es, durch die ich mein Leben plötzlich betrachtete. Was für eine Befreiung!

Wir nennen Gott den Vater. Jetzt hatte ich zum ersten Mal das Gefühl, ihn selbst mit diesem Namen ansprechen zu können. *Ein Vater, der dir Rat gibt, zu dem du kommen kannst, der dir nicht alles durchgehen lässt. Der dein Vertrauter ist. Ein liebender Vater, dessen Gebote du nicht achtest aus Angst vor Strafe, sondern weil du ihn glücklich machen willst und weißt, dass er dein Bestes will und seine Gebote gut und richtig sind. Vor allem aber: Ein Vater, der immer für dich da ist.* Ich war nun Teil seiner Familie.

Wie einen Rausch hatte ich die konkreten Minuten der Umkehr erlebt. Aber an den Tagen danach gab es kein böses Erwachen, keinen Brummschädel, kein schamhaftes Erinnern, keine Reue. Nur absolute Sicherheit und eine wundervolle Ausgeglichenheit in mir. Um im Bild des Lotto-Gewinns zu bleiben: Ich freute mich in jeder Minute über den Hauptgewinn. Wenn ich mir dessen einige Momente nicht bewusst war, hatte ich einfach nur ein gutes Gefühl in mir. Wenn ich darüber nachsann, was mir geschenkt worden war, strahlte die Begeisterung hell auf.

Als ich einige Zeit später Ramsy in einer Kneipe traf, sagte er, das Wichtigste für ihn sei, »in Gott zu bleiben«. Dann malte er das Bild von einem See, mit dem Christen als Fisch darin. *Man schwimmt nicht immer geradeaus, dreht mal eine Runde, taucht mal tiefer ab. Aber man bleibt in diesem See. In Gott. In Gott, der einen umgibt, den man nicht mehr verlässt. Nicht verlassen kann. Nicht verlassen will. Der Fisch ist in seinem Element.* Das war mein neuer Blick, das neue Gefühl. Gott war allgegenwärtig –

und das war fabelhaft. Selbst ein winzig kurzes Innehalten konnte plötzlich zum Gebet werden. Die Rituale schafften sich selbst ab: Hatte ich mich vorher oft selbst daran erinnern müssen, dass es nun Zeit für das Abendgebet sei, hatte ich jetzt eine Standleitung gelegt und befand mich quasi im permanenten Austausch mit Gott, dem Vater.

Nicht vor jeder kleinen Entscheidung habe ich von da an mal kurz Gott angefunkt und er antwortete prompt »Ja, machen! Tiptop!« oder »Finger weg! Sonst Fegefeuer!«. Aber doch kamen die Antworten von ihm. Wie ich mir da so sicher sein konnte? Wieder rette ich mich in die Formulierung »sich richtig fühlen«. Wenn ich jetzt mit Gott Dinge besprach, spürte ich, wie meine Seele irgendwann aufatmete: *Ja, das ist dein Wille. Das ist richtig.*

Nun zahlte es sich auch aus, dass ich so eifrig in der Bibel gelesen hatte. Auf so viele Fragen fand ich im Neuen Testament Antworten. Ich war innerlich neu kalibriert. Es war ein Neu-Geboren-Werden. Auch wenn es nach außen auf Anhieb kaum sichtbar war.

Wenn ich versuche, das alte Ich mit dem neugeborenen Ich zu vergleichen, dann kommt mir sofort ein Lächeln in den Sinn. Ein ehrliches, freundliches, befreites Lächeln. Vorher war wahnsinnig viel los in meinem Kopf. Kämpfe von Gut und Böse, Richtig und Falsch. Stress, Verwirrung, Angst, Triumph, Häme, Trauer, Sorgen. Ein ständiges Gehetze. Auch Freude – aber grell und fast blendend. Selten Entspannung – wenn doch, dann schon so bewusst, dass es fast komatös leer war. Immer in Bewegung, von einem Ziel zum nächsten jagend, sich vergleichend, hinterherrennend, dauernd besorgt, etwas zu verpassen oder aufs falsche Pferd zu setzen. Nach diesem Abendgebet, nach der Umkehr zu Gott, lächelte meine Seele.

Mit einem Mal schien so viel klar. Kein Wettlauf mehr. Gegen wen denn auch? Kein Triumph. Über wen? Gut ist gut, Böse ist böse. Es gab in mir keinen Kampf mehr. Ich machte noch oft Fehler. Aber nun erkannte ich sie – und wusste, dass ich vor Gott mit ehrlicher Reue treten und um Vergebung bitten durfte. Ich hatte gar kein Bedürfnis mehr, mir täglich neue Ziele zu stecken, denn ich kannte das große Ziel: in Gott zu bleiben. Natürlich hatte ich weiterhin allzu menschliche Sorgen. Doch die kamen mir kleiner vor. Und ich wusste, dass ich damit nie allein war. Dass ich sie immer nehmen und vor Gott bringen konnte. Dass er für mich da ist, mich liebt und mir hilft.

Sicherlich ist es nicht Sinn und Zweck des Christentums, eine Wellness-Fibel für das innere Gleichgewicht zu sein. Jesus, Paulus, Petrus – jeder von ihnen hat nun wirklich alles andere als ein fluffiges Leben gelebt und unvorstellbar gelitten für die Verkündung der Guten Nachricht. Trotzdem war dieses innere Lächeln mehr als eine angenehme Nebenwirkung der Bekehrung. Oft ging ich verschiedene Phasen meines Lebens im Kopf durch und fragte mich, ob ich vorher je glücklicher und ausgeglichener gewesen war. Ein ganz deutliches NEIN! Gott hatte mich eingeladen. Ich hatte seine Einladung angenommen. Wir waren verbunden. Und dafür war ich jeden Tag aufs Neue dankbar.

Selbst die erwartbare Angst davor, dass dieses innere Glück irgendwann zersplittert, war viel, viel kleiner, als ich es selbst für möglich gehalten hätte. Denn ich durfte Gott vertrauen. Ich durfte ihm nicht vertrauen, dass in meinem Job alles so weiterging wie bisher oder dass ich von Krankheiten verschont bleiben würde. Aber ich durfte ihm vertrauen, dass er mich liebt und dass sein Weg zu einem guten Ziel führt.

Ramsy schrieb mir in einer Mail: »Die Bekehrung kostet nichts. Die Nachfolge Christi kostet alles. Der Preis ist zwar hoch. Aber es lohnt sich.« Ja, die Nachfolge Christi kostete alles, woran ich mich gewöhnt hatte. Alle Prioritäten wurden einkassiert und neu sortiert. An nichts Irdisches durfte und wollte ich mich plötzlich mehr klammern, um das wahre Ziel nicht aus den Augen zu verlieren. Aber der Gewinn war soviel größer. Und selbst wenn er es nicht gewesen wäre: Ich hatte die Entscheidung aus der Hand gegeben. Ich war über den Punkt hinausgekommen, an dem ich noch dachte: Es liegt bei mir zu entscheiden, ob das alles so ist oder nicht. Gott hatte mich in die Arme genommen. Da war »Ach, dich gibt's doch gar nicht. Ich kann's mir auch ohne dich ziemlich gut gehen lassen« keine Option mehr.

Jeden Sonntag beten Hunderttausende in Deutschlands Kirchen das Vater Unser. Sie beten »dein Wille geschehe«. Sie geben im Gebet ihre eigene Entscheidungsgewalt aus der Hand und bitten darum, dass der Wille Gottes geschehe. Für mich war das mit einem Mal tatsächlich mein Herzenswunsch. So viele Menschen glauben an Gott. Für mich bedeutete dieses »glauben an« nun: »Glauben, dass er es richten wird«. Wenn ich zu meiner Tochter sage: »Ich glaube an dich, mein Engel«, meine ich damit ja auch nicht »Ich glaube daran, dass es dich gibt«, sondern »Ich glaube daran, dass du es schaffst« – dich selbst anzuziehen, 600 Meter am Stück beim Kita-Wettlauf zu rennen, dein Zimmer mal nicht innerhalb von einer Minute in eine Chaos-Landschaft zu verwandeln ...

Das Wort GLAUBE bedeutete für mich also automatisch VERTRAUEN. Was hätte für mich da noch spektakulärer und wichtiger sein können als sein Wille? Alles, was über seinen Willen bekannt ist, fand ich in der Bibel oder erfuhr es im Gebet von ihm. Es erschien mir nun total plausibel, dass es keinen anderen Kompass mehr für mich geben konnte. Doch ich erinnerte mich gut daran, dass es über 30 Jahre meines Lebens gedauert hatte, zu dieser Einsicht zu gelangen, und mir war klar, dass ich auch auf dem weiteren Weg an Fragen und Zweifel stoßen würde. Ich begegnete ihnen fortan jedoch mit einem neuen Blick.

Rumms! Gott da!

Wenn man so viele Jahre lang gelernt hat, in großen Buchstaben und deutlichen Sätzen zu denken und zu formulieren, ist es eine echte Herausforderung, in eindeutige, nachrichtliche Überschriften zu fassen, was danach passierte. Zwar lässt sich dieser Moment der Gottes-Einsicht für mich (und für andere mag das ganz anders ablaufen) wunderbar boulevardesk und eindeutig festmachen: »Rumms! Umkehr da!« Aber danach wurde es fast fisselig.

Weil ja eben nicht mit einem Mal alle Antworten wie helle Sterne vor mir strahlten und ich auf ganz vielen Ebenen eben nicht schlauer war als vorher. Nicht alles, was bis eben noch grau war, verwandelte sich nun auf einen Schlag entweder in schwarz oder in weiß. Und doch hatte sich gleichzeitig alles gedreht. Der Begriff des Neu-Geboren-Seins in Gott war für mich nicht übertrieben.

Vielleicht gelingt mir ein wenig Innenansicht meiner neuen Welt durch das von mir ganz persönlich für mich entwickelte Drei-Stufen-Modell (das für andere ganz anders funktionieren mag).

Stufe 1: Herz und Seele

Das Aller-Intimste, des Pudels Kern, mein Kern. Mein Kern war früher ein Chaos aus Egoismus, Hilflosigkeit, Ehrgeiz, gutem Willen, Kontrollzwang und Kontrollverlust. Meine ersten ernsten Schritte zu Gott waren vorsichtig gewesen, langsam. Sie hatten ihre Zeit gebraucht. Doch dann – Wumms! – der Moment der Umkehr. Von einem Moment zum anderen der Kniefall meines Lebens vor Jesus Christus. Und damit vor Gott, seinem Wort, dem Heiligen Geist. Eine Gottes-Liebe, die den Lebensentwurf, den ich früher hatte, zusammenknüllte und in die Tonne warf.

Die totale Selbstaufgabe, die Selbstübergabe an Gott. Tief in meinem Inneren erlebte ich diese völlige Neu-Ausrichtung: *Bleib in Gott – das ist, was zählt.*

Das war so. Von der ersten Sekunde an. Am Anfang war ich vielleicht noch immer euphorisiert von diesem grandiosen Gebetserlebnis. Später folgten durchaus Tage, in denen ich fürchtete, es sei nur ein Strohfeuer, das in mir loderte – und das sich von einer anderen Sensation auf meinem Lebensweg auslöschen ließe. Aber nach und nach, durch Gotteserlebnisse, durch alltägliche Wunder, durch Gespräche und Erfahrungen wuchs das Vertrauen, dass dieses Licht sicher und verlässlich brannte.

Gott hatte die Verbindung hergestellt. Das ist es wohl, was viele Christen den Aufbau einer Beziehung zu Gott nennen. Ich will es nicht verweltlichen, aber vergleichbar war es schon mit einem anfänglichen flammen-schlagenden Total-Verknallt-Sein, übergehend in einen freudigen, ruhigeren Zustand der (Gottes-)Gewissheit um eine wachsende, beständige Beziehung. Hier endet aber auch der menschliche Vergleich, weil mir in dieser Verbindung eine Scheidung unmöglich schien.

Stufe 2: Verstand und Denken

Nun schreibe ich hier zwar viel von Licht und Feuer. Erleuchtet im intellektuellen Sinne war ich dadurch auch nicht mehr als vorher. Die Lebensarbeit wurde durch die Umkehr nicht leichter. Probleme im Job blieben Probleme im Job. Bibelstellen, die ich mir vorher nicht erklären konnte, erschienen mir nun auch nicht mit einem Mal logischer.

In meinem Verstand, in meinem Denken tat sich sehr viel – doch das brauchte Zeit. War es anfangs noch mein Kopf gewesen, der für mich überraschend schnell und völlig sorglos signalisiert hatte: »*Ich hab überhaupt kein Problem damit, be-*

dingungslos an Gott zu glauben«, so hatte er sich inzwischen von meinem fröhlich hüpfenden und jubilierenden Herzen überholen lassen. Denn er hatte eine Menge Arbeit zu erledigen. Er verlangte nach Bibellesung, Diskussion, Nachdenken, ja, fast Meditation über Richtungen und Empfehlungen aus Gottes Wort. Mein Kopf wollte Input. Erklärungen. Ratschläge. Hinweise. Er war beschäftigter denn je damit herauszufinden, was die neue Situation bedeutete. Auch wenn mein Herz gottverliebt *»Ich lebe in Gott«* tirilierte, raunzte mein Kopf oft genug: *»Ja, super ...! Ich ja auch! Aber was heißt das jetzt konkret?«*

Stufe 3: Tat und Handeln

Diese Stufe zündete stets zuletzt. Das Herz schlug in einem neuen Takt. Der Kopf mühte sich redlich, dem gerecht zu werden und Handlungsempfehlungen aussprechen zu können. Das Handeln selbst stand damit an hinterster Position und war manchmal echt kompliziert ...

Ich war ja nun kein Auftrags-Killer, der darüber hinaus nach Feierabend wahllos herumfuhr und Leute beschimpfte oder keine Gelegenheit ausließ, Schwächere zu verspotten. Dem hätten Herz und Kopf unisono sehr schnell sagen können, dass er von heute auf morgen so ziemlich alles an den Nagel hängen muss, was er bislang als sinnstiftend empfunden hatte. Da sind Gottes Worte unmissverständlich.

Nein. So schwarz-weiß war mein Lebenswandel nicht. So simpel hat das nicht funktioniert. Deshalb spielte sich das, was für mich alles-entscheidend war – die Umkehr zu Gott –, für die meisten um mich herum fast unbemerkt ab. Ich zog ja weiterhin dieselben Klamotten an, ging morgens zur Arbeit, redete weiterhin zu schnell (und oft zu viel) und kämpfte weiterhin recht regelmäßig mit der Länge meines Geduldsfadens.

Gottvertrauen lernen

Die Veränderungen kamen nach und nach. Und oft waren es Details. Wichtig, um im Wort Gottes zu bleiben. Marginal oder kaum wahrnehmbar für meine Mitmenschen.

Früher hatte ich zum Beispiel eine verwegene Theorie: Hier und da würde ich gewiss auch mal etwas Falsches tun müssen. Aber solange es im Großen der guten Sache diente, wäre das bestimmt okay. Vielleicht sogar notwendig. Manchmal, so dachte ich, müsste ich eben auf gewisse Regeln pfeifen, um weiter voran zu kommen und mit mehr Macht ausgestattet zu werden. Die Annahme dahinter: Wenn ich dann erst einmal an einer einflussreichen Position angekommen bin, kann ich ja viel mehr Gutes tun, anstatt zum Beispiel karrieremäßig nie auf die Füße zu kommen, weil ich mich zu sehr an Falsch und Richtig klammerte.

Dass dieser Ansatz Nonsens war, sagte mir nicht nur mein Herz, auch mein Kopf sah das problemlos ein: Jesus war ja eben nicht zu den Karriere-Hot-Shots und den Königen gekommen, sondern zu denen am unteren Ende der gesellschaftlichen Nahrungskette. Er baute sein Königreich nicht von oben herab, sondern von unten auf. Er selbst sagt in Matthäus 11, Vers 25: »Ich preise dich, Vater, du Herr über Himmel und Erde, dass du das alles den Weisen und Klugen verborgen, den Unmündigen aber offenbart hast.« Einige Verse weiter dann: »Nehmt mein Joch auf euch und lernt von mir, denn ich bin gütig und von Herzen demütig. So werdet ihr Ruhe finden für eure Seele.« Und als Bonus, der das Ganze so angenehm macht: »Denn das Joch, das ich auferlege, drückt nicht, und die Last, die ich zu tragen gebe, ist leicht.« Ein Joch, keine Krone.

Ein weiterer Gedankenfehler war: Ich hatte völlig die Allmacht Gottes außer Acht gelassen. Für wen hielt ich mich, wenn ich (ja seit jeher eigenartig gottesgläubig) dachte, mir könnten seine Gebote schnurzpiepegal sein, nur um mich selbst wichtiger zu machen und Veränderungen im größeren Stil bewegen zu können? *Gott möchte mich gern haben, aber er braucht mich nicht. Ich brauche ihn.* Meine eigenen ehrgeizigen, egoistischen Ziele hatten da keinen Wert und trugen nicht bei zu einer guten Gottes-Beziehung.

Herz und Verstand waren sich also einig, dass ich da einem Irrtum aufgesessen war.

Trotzdem konnte ich nicht mit einem großen Knall alles neu machen! Denn wie gesagt: Trotz dieser etwas dünnen Theorie von früher war ich mitnichten bulldozerhaft durch die Weltgeschichte geräumt. Ich hatte nicht ständig zwielichtige Aktionen ertüftelt vor dem Hintergrund: »Hehe, das ist zwar echt mies – aber irgendwann zahle ich das mit mächtigen guten Taten zurück.«

Auch musste ich nicht aufhören, Kollegen Ellbogen in die Seite zu rammen und mir so den Karriereweg freizuschieben oder Intrigen zu schmieden, um noch toller dazustehen, weil ich das eh nie getan hatte.

Was war also nun zu tun? Das meine ich mit »fisselig«. Es waren die kleinen Dinge, in denen ich meine Anweisungen fand, etwas anders zu tun als früher.

Bei einem Streit wollte ich nun nicht mehr nur das Ziel verfolgen, auf Gedeih und Verderb zu gewinnen. Vielmehr bemühte ich mich, jedes verletzende Wort zu vermeiden. Bei der Wochenendplanung lag die Priorität nicht mehr auf »Wie hol ich die beste Zeit für mich raus?«, sondern darauf, wie ich die geschenkte Zeit am besten nutzen konnte, um andere froh zu machen – und damit Gott. Wenn sich mir im Job eine Chance bot, verbot ich mir als erste stille Frage an mich selbst: »Wie kann ich größtmöglich davon profitieren?«, und drängte mich stattdessen zu der Perspektive: »Schadet es einem anderen, wenn ich diese Möglichkeit nutze?«

Apropos Job: War es nicht sogar schon falsch, hier auf Lob und Anerkennung erpicht zu sein? Sollte ich nicht einfach meine Arbeit tun und alles Weitere in Gottes Hand legen?

Vorher war mir beruflich durchaus daran gelegen gewesen, dass der Chef erfuhr, wer denn diesen Geistesblitz gehabt hatte, wenn eine gute Idee von mir in einem größeren Team umgesetzt worden war. Wenn sich ein anderer dann mit diesen Federn schmückte, nagte das an mir und ich ließ irgendwie durchsickern, dass das ja wohl eine gigantische Frechheit sei und mir doch bitte Ruhm und Ehre zuständen. Einer gepflegten Lästerei wich ich nicht wirklich aus. Ich glaube nicht, dass ich Leute je bewusst übervorteilt habe – aber ich glaube auch nicht, dass ich je nach Situation stets sehr weit davon entfernt gewesen bin.

Hatte ich mit diesem Eigennutz Gott gedient? Heißt es irgendwo, dass ich mich meiner Taten rühmen soll, um besser dazustehen als andere? Nein. Es gibt in der Bibel den Hinweis, man möge sein Licht nicht unter einen Scheffel stellen. Aber da geht es um das christliche Licht, das Leuchten für und von Gott. Nicht darum, allen anderen mit Neonbuchstaben ins Gesicht zu blenden, was für ein toller Hecht man im Job oder anderswo der eigenen Meinung nach ist. Gewiss ist es immer reizvoll, nach der eigenen Verbesserung zu streben. Nach einer Beförderung, mehr Geld, einem höheren Status. Aber wenn ich es auch nur ein bisschen ernst meinte mit dem Glauben und mir dann die Biographien von Jesus oder Paulus ansah, merkte ich schnell, wie wenig das eigene Ansehen zählen sollte.

Nicht mehr für mich selbst zu trommeln, sondern andere leuchten zu lassen. Meine persönlichen Ambitionen, meinen beruflichen Ehrgeiz dem Dienst an Gott unterzuordnen. Das war anstrengend.

Global gesehen war das vielleicht Kleinkram. Für mich selbst waren das große Herausforderungen, die auf einem fundamentalen Wandel, einer neuen Perspektive, beruhten. Sie zu meistern fiel mir oft sagenhaft schwer, weil es mitunter Details waren, die sich über Jahrzehnte eingeschliffen hatten und damit fast zur Charaktereigenschaft geworden waren – und die sich deshalb nicht einfach an- oder ausknipsen ließen.

Mindestens ein Kollege kann bezeugen, wie oft ich mich über mich selbst ärgerte, wenn ich mal wieder gepatzt und doch gegen die neuen Ansprüche verstoßen hatte – und nur Gott weiß, wie oft ich ihn schon dafür um Vergebung bitten musste und durfte.

Die Summe dieser vermeintlichen Kleinigkeiten wurde mein neues Leben. Das Innerste wurde mit einem Ruck umgekrempelt, das Äußere – mein Handeln – wurde und wird Masche für Masche neu gestrickt.

Auf dem Heimweg aus der Redaktion lief ich einmal an einem Plakat vorbei. Darauf stand: »Nur wer loslässt, wird gehalten.« Dieses Loslassen war schwerer, als es auf den ersten Blick schien. Spürbarer Kontrollverlust im besten Sinne. Es ließ sich auch nicht wirklich trainieren. Es war vielmehr ein Prozess, auf den ich mich eingelassen hatte und den ich gar nicht so sehr selbst steuern konnte oder musste. Es waren weitere kleine Schritte auf dem Weg, die von Gott angeleitet wurden. Es war das Gott-Vertrauen-Lernen.

»Einfach mal ein ›Aber‹ weglassen«, las ich irgendwo in diesem Kontext. Einfach mal auf die Worte Jesu hören und danach handeln – ohne ein »ABER könnte man das nicht auch soundso sehen?«. Die Sicherheit des Gehalten-Werdens, die ich jedes Mal empfand, wenn mir dieses Loslassen gelang, wog diesen Kraftakt mehr als auf.

Eine neue Lebensaufgabe

Viele der Veränderungen in meinem Leben funktionierten nach einem ähnlichen Muster. Von außen kaum sichtbar (Wenn jemand etwas Neues anfängt, bekommt das jeder mit. Wenn er etwas nicht mehr tut, fällt das weniger auf). Innerlich – in der wachsenden Beziehung zu Gott – aber waren sie von entscheidender Bedeutung.

Einiges von dem Mist, den ich mir in meinem Leben geleistet hatte, habe ich hier berichtet. Alles jedoch habe ich vor Gott gebracht und um Vergebung gebeten und die Vergebung angenommen. Selbstredend also, dass ich diese Fehler nicht wiederholen wollte und ich jetzt viel Arbeit mit mir selbst hatte.

Lebte ich vorher für mich und mein Glück, so bemühte ich mich nun um ein Leben für Gott. Komprimiert: Was früher mein persönlicher Zehn-Punkte-Plan für ein glückliches Leben war, waren jetzt für mich die Zehn Gebote (und all die weiteren Botschaften der Bibel). Mein Lebensplaner hieß Gott. Mit der Bibel hatte ich einen Begleiter und ein Handbuch, das mich zur Tat aufforderte.

In der Bergpredigt beschreibt Jesus die Lebensaufgabe folgendermaßen:

»Es soll euch zuerst um Gottes Reich und Gottes Gerechtigkeit gehen, dann wird euch das Übrige alles dazugegeben. Macht euch keine Sorgen um den nächsten Tag! Der nächste Tag wird für sich selbst sorgen. Es genügt, dass jeder Tag seine eigene Last mit sich bringt.« (Matthäus 6, 33 und 34)

Diese Sätze wurden zu meinem persönlichen Motto. Wie frei von Sorgen mich diese Ermunterung werden ließ! Ohne dabei die Anstrengungen und das Leid wegzuretuschieren. Sie lenkten meinen Fokus auf das Wesentliche: auf Gott! Sie sagte, dass es keinen Zweck hat, sich prophylaktisch gramvoll unter möglicherweise anstehende Sorgen zu beugen. Nein! Ich konnte selbstsicher und auf Gott vertrauend meine aktuellen Lasten schultern und fröhlich pfeifend in die Zukunft blicken. Gott war bei mir. Ich wusste, was ich zu tun hatte. Solange ich in Gott blieb, konnte mir nichts passieren, was mich von ihm hätte trennen können.

In dem zitierten Vers taucht das Wort »zuerst« auf. Zuerst sollte es mir um Gottes Reich und seine Gerechtigkeit gehen. Das habe ich als eine klare Priorisierung für alltägliche Entscheidungen angenommen. Und wenn es zu kompliziert wurde oder Eile geboten war, machte ich aus dem »zuerst« ein »ausschließlich«. Dadurch fiel das Abwägen zwischen zwei Optionen deutlich leichter.

Sollte ich diesem Bettler, der gerade mein U-Bahn-Abteil betrat, etwas geben? Gott sagte: »Ja!«, meine Geldbörse sagte: »Öhm ... Moment!«. Klar, gab ich ihm etwas! Jedes Mal. Wer um etwas bat, bekam etwas von mir. Das verlangte Gottes Gerechtigkeit. Und wenn ich kein Kleingeld dabei hatte, dann reichte ich ihm eben einen Schein. Ich musste mich nicht mehr darum sorgen, ob mir genau diese Euros morgen eventuell an anderer Stelle fehlen würden. Der nächste Tag würde schon für sich selbst sorgen.

Mir ist klar, dass auch dies beinahe selbstgerecht klingt und dass ich mit meinem ordentlichen Gehalt an so einer kleinen Gabe nicht kaputtgegangen wäre. Dies Beispiel soll nur verdeutlichen, wie der gelebte Glaube fortan immer und immer wieder in meinen Alltag eingriff, präsent war – mich zu einem Standleitungs-Dialog mit Gott trieb.

Bleiben wir kurz beim Thema Geld und wie ich versuchte, die neuen Herausforderungen in Gottes Sinne zu lösen.

Es gibt diese anrührende Anekdote in Lukas 21, 1-4: »Jesus blickte zum Opferkasten und sah, wie die reichen Leute ihre Gaben hineinwarfen. Er bemerkte auch eine ärmlich gekleidete Witwe, die zwei kleine Kupfermünzen hineinwarf. Da sagte er: ›Ich versichere euch, diese arme Frau hat mehr gegeben als alle anderen. Sie alle haben ihre Gaben aus ihrem Überfluss gegeben; diese Frau aber, so arm sie ist, hat alles gegeben, was sie besaß – alles, was sie zum Leben nötig hatte.‹«

Das ist natürlich ein anderer Schnack als meine kümmerlichen Spenden. Aber ich redete mir ein, dass ich dieselbe Bereitschaft besäße wie diese arme Frau, und überlegte wieder und wieder, wie ich das, was ich hatte – ob Geld oder Zeit oder Kraft –, so einsetzen könnte, dass es nicht meiner Eitelkeit, meinem Spieltrieb oder meiner (Kauf-)Lustbefriedigung dient, sondern allein »Gottes Reich und Gottes Gerechtigkeit«.

Ich hatte tatsächlich eine Zeit lang mit dem Gedanken gespielt, mich von allen Besitztümern zu befreien. Doch das wäre verantwortungslos meiner Familie gegenüber gewesen. Schließlich hat auch die verantwortungsvolle Ausübung der Ehemann- und Vaterrolle ihren Platz in der Bibel (z.B. 1 Timotheus, 3-5).

Jeder kennt den Vers: »Eher geht ein Kamel durch ein Nadelöhr, als dass ein Reicher ins Reich Gottes kommt.« (U.a. Markus 10, 25) Als reich hätte ich mich nicht bezeichnet. Aber Grund zu jammern haben wir sicher auch nicht und im globalen Vergleich gesehen ... Moment ... Kurz einen weltweiten Gehaltsvergleich im Internet aufgerufen, Jahreseinkommen eingegeben ... Antwort: »99 Prozent der Weltbevölkerung verdienen weniger als du.« Ja ... doch ... reich! Also war dies durchaus ein Punkt, der mich zu beschäftigen hatte.

Nicht ganz so bekannt ist das, was Jesus gleich danach anfügt, als die Jünger erschrocken fragen, wer denn dann überhaupt gerettet werden könne: »Bei den Menschen ist das unmöglich, aber nicht bei Gott. Bei Gott ist alles möglich.« Auch aus Psalm 62 (11,12) las ich, dass Besitz an sich nicht das Schlechte sei, solange er uns nicht so wichtig wird, dass wir dadurch Gott aus den Augen verlieren, solange er uns nicht zum Götzen wird, den wir durch unsere Lebensführung mehr anbeten als Gott: »Wenn der Reichtum auch wächst, so verliert doch nicht euer Herz an ihn. Eines hat Gott gesagt, zweierlei habe ich gehört: Bei Gott ist die Macht.«

Inmitten dieses Haderns und Grübelns über Besitzen und Geben erlebte ich mal wieder einen dieser Gott-sagt-dir:-»Ja, du bist auf dem richtigen Weg«-Momente, der mich zu einer neuen Perspektive oder – besser gesagt – einer neuen Wahrheit führte: Ich besaß ohnehin nichts. Das, was ich hatte, war von Gott geliehen. Es war alles seins. Ich durfte es nur in seinem Sinne verwalten und zum Guten einsetzen.

Noch vor nicht allzu langer Zeit habe ich innerhalb eines Jahres 1240 Stunden im Online-Rollenspiel »World of Warcraft« verbracht und jede Menge virtuelles Gold für meinen Pixel-Charakter für sehr reale Euros bei Ebay gekauft. Unfassbar viel Zeit und Geld also (und, ja, auch Kraft!), die ich einfach so zu meinem ganz eigenen Vergnügen verpulvert hatte. Vielleicht wird hier schlaglichthaft deutlich, wie enorm sich für mich so eine Ansage (*Dein Besitz ist nur von Gott geliehen*) auf mein neues Leben in Gottes Sinn ausgewirkt hat.

Manchmal noch fehlt mir das sinnentleerte Daddeln vor dem Rechner (und so manch andere nutzlose Tätigkeit), aber im selben Moment fallen mir so viele bessere Dinge ein, die ich mit meinem von Gott geliehenen Besitz an Geld, Energie und Zeit anstellen kann: meinen Kindern einen schönen Tag bereiten, Gespräche mit Fremden und Freunden über den Glauben führen, in der Bibel auf die Suche nach neuen Impulsen gehen, ärmeren Menschen etwas geben – oder Spenden in die nächste Flüchtlingsunterkunft tragen. Es ging nicht mehr darum, was ich hatte – sondern dass ich damit nach Gottes Willen umging. Dass ich es als Dienst an Gott, als Gottesdienst einsetzte.

Geschwister auf der ganzen Welt

Apropos Gottesdienst ...: In den Monaten nach dem Gebet, das für mich den Punkt der Umkehr zu Gott markiert hatte, war ich – wie man vielleicht merkt – sehr mit mir selbst beschäftigt. Ich versuchte, viele solcher alltäglichen Lebensfragen, wie ich sie eben beschrieben habe, durch Konsultation der Bibel und im Gebet mit Gott zu lösen. Glaubensbrüder, mit denen ich mich über meine harte Kehrtwende hätte austauschen können, kannte ich nur wenige. Noch immer hatte ich keine Gemeinde gefunden, um dort mit anderen Christen über meine Erfahrungen, aber auch Zweifel und Unsicherheiten zu sprechen.

Ich hatte nicht aufgehört mit meinem Gottesdienst-Hopping. Immer mal wieder besuchte ich eine Predigt. Aber da war weiterhin kein »Wow! Genau hier gehöre ich hin«-Effekt. Hinzu kam die familiäre Situation, dass ich den Sonntag gern mit unseren zwei Kindern und meiner Frau Sophie verbringen wollte – oder auch mal nur mit den Kindern, um Sophie etwas zu entlasten.

Wenn ich es mal zu einem Gottesdienst schaffte, hatte ich inzwischen in der Regel unseren Sohn Fritz und unsere Tochter Elsa, beide waren damals knapp ein Jahr und zwei Jahre alt, mit dabei. Das erweiterte nicht gerade den mentalen Spielraum, sich auf einen pastoralen Vortrag aus dem Evangelium einzulassen.

Es war ein etwas wahlloses Herumprobieren, das mal vorzeitig abgebrochen werden musste (»Nein, die Kirchenbank ist kein Klettergerüst. Zumindest nicht in diesen Matsch-Schuhen!«) und mal in behaglicher Pixi-Buch-Lektüre weit hinten im Kirchenschiff endete, zu der die Worte des Pastors nur noch als fast ausgeblendeter Sound-Teppich waberten.

Immerhin gelang es mir, an drei Abenden einen Kurs zu christlicher Meditation im Stadtkloster in Prenzlauer Berg zu besuchen. Allein. Ohne Kinder. Die Abende liefen alle nach demselben Schema ab: Erst trafen wir uns für etwa eine halbe Stunde in einem Stuhlkreis. Wir waren ungefähr 15 Leute, von der Studentin bis zum Rentner. Wer wollte, erzählte etwas über sich. Dann lasen wir in der Bibel und erfuhren etwas darüber, wie so eine Meditation abläuft. Der zweite Teil fand weit oben im Turmzimmer statt. Hier sanken wir auf kleinen Holzbänkchen auf die Knie, um eine weitere halbe Stunde still zu meditieren.

Hätte mir einer zwei Jahre zuvor gesagt, dass ich das als befreiend und inspirierend empfinden würde – ich hätte ihn für bekloppt erklärt.

Einige der anwesenden Mit-Christen – unter anderem eine der Kursleiterinnen – sprachen über wirklich harte Schicksalsschläge. Eine Dame hatte ihr Kind verloren, ein anderes Kind war schwerst behindert. Sie hatten nicht danach im Glauben Trost gefunden. Sie waren schon vorher gläubig gewesen – vor und während der schweren Zeit – und waren es bis heute. Wann immer ich solche Geschichten hörte, bewegten sie mich tief und ich betete wieder zu Gott, dass er mir derartiges Leid ersparen möge. Aber: »Dein Wille geschehe« – nicht meiner. Und wenn ich einst dann doch den bitteren Kelch trinken muss, dann gib mir bitte die Stärke, die Kraft und das Vertrauen, weiter in dir zu bleiben.

Ich denke, es war gut, die Geschichten dieser Leute zu hören. Es öffnete mich für diese Übung, auf die ich mich zwar neugierig gefreut hatte, der ich aber doch noch mit einer gehörigen Portion Skepsis gegenüber gestanden hatte.

Zum Meditieren gehörte auch eine Art Mantra. Welches das war, das war jedem frei überlassen. Wir Grünschnäbel bekamen den Hinweis: »Versucht es doch einmal beim Einatmen mit dem Gedanken ›In Gott‹ und beim Ausatmen mit ›Zu Gott hin‹.« Auch darauf ließ ich mich ein.

Wenig überraschend, dass mir nicht in Minute 23:38 plötzlich meditativ Gott erschien. Aber allein das ruhige Atmen mit geschlossenen Augen und das endlose Wiederholen – »Einatmen – In Gott – Ausatmen – Zu Gott hin« schenkten mir einen inneren Frieden, mit dem ich niemals gerechnet hätte. Die Worte verbanden sich zu einem Befehl, zu einer klaren Marschrichtung. »In Gott« – dieses Bild hatte Ramsy schon benutzt. »Bleib in Gott! Wie ein Fisch, der in einem See schwimmt.« »Zu Gott hin« – das bereicherte diesen Impuls um ein Ziel, auf das ich zu schwamm.

Während einer mehrwöchigen Dienstreise im Spätherbst 2014 nach Südkorea ging ich in einen Gottesdienst in einer Stadt in der Nähe von Seoul. Mir war nicht einmal ganz klar, ob das nun eher katholisch oder eher evangelisch oder freikirchlich im deutschen Sinne war. Mal war es festlicher als alles, was ich bisher erlebt hatte, mal sehr sachlich, es gab eine Videoübertragung auf große Leinwände in der Kirche (obwohl man eigentlich von jedem Platz auch »live« den Prediger sehen konnte). Ich verstand zunächst eh kein Wort, da die Messe auf Koreanisch gehalten wurde. Trotzdem waren es wunderschöne Momente.

Ich wurde mit erschlagender Herzlichkeit begrüßt. Dass ich nicht von hier kam, sah man mir ja an. Niemand wollte mich alleine lassen. Schon nach wenigen Minuten rückte jemand dicht an mich heran und übersetzte die wichtigsten Sätze für mich auf Englisch. Zwischendurch stellte er sich flüsternd vor und schob mir seine Visitenkarte rüber.

Nach dem Gottesdienst umringten mich eine handvoll Koreaner. Sie luden mich ein, zum Essen zu bleiben. Das war hier wohl Tradition. Und so aßen wir anschließend in der Kirche gemeinsam Kimchi und Reis und unterhielten uns – über Gott und die Welt.

Natürlich war dies wieder etwas ganz anderes als mein Erlebnis bei der Meditation im Kloster. Doch wieder nahm ich eine kleine Lehre auf meinem Weg mit: Ich verstand nicht alle Regeln und Abläufe, ja, ich hatte nicht einmal alle Worte verstanden, die der Pfarrer dort verkündet hatte. Und doch verband die koreanischen Christen und mich der Glaube an Gott. Sie waren meine Brüder, obwohl sie eine halbe Welt entfernt von mir lebten und wir uns nie zuvor begegnet waren. Alles war anders, alles war vertraut. Ich war zunächst völlig überfordert gewesen – doch schon nach ein paar Minuten hatten sie mich an die Hand und in ihr Herz aufgenommen. Zum ersten Mal fühlte ich mich zuhause in der Gemeinschaft der Christen.

Veränderungen durch Gott

Nie hatte ich erwartet, dass sich Gott wirklich spürbar für mich einsetzt – auch wenn mir Sätze wie »Gib uns Kraft ...!«, »Führe uns ...« oder »Steh uns bei ...« aus zahllosen Gebeten in der Gemeinde und aus Fürbitten vertraut waren. Zu sehr war ich mein Leben lang auf den Gedanken getrimmt worden »Jeder ist seines Glückes Schmied«. Aber ähnlich, wie ich lernte, Gottes

Antworten zu erkennen in einem Aufatmen meiner Seele während eines Gebetes, in einem hellen, angenehmen Leuchten weit hinter meinen Augen bei einer Entscheidung mit verschiedenen Optionen oder in einer Botschaft von ihm an der Grenze zum Hörbaren – so lernte ich auch, wie Gott für mich aktiv wird. *Dein Wille geschehe ...*

Wenn ich also hier von vielen, vielen Veränderungen durch die Umkehr zu Gott in meinem Leben schreibe, soll das kein Selbstlob sein, das eine oder andere angepackt zu haben. Ich weiß, dass ich selbst in vielen Bereichen ein moralischer Voll-Flop war und dass ich es allein Gott zu verdanken habe, dass er diese Veränderungen geschehen ließ.

Leider lässt sich dieser Gottes-Beistand für mich noch schwerer beschreiben als die Erfahrung, um etwas zu beten und direkt von Gott eine Antwort oder zumindest einen Anstupser zu erhalten. Denn es war mir absolut unerklärlich.

Ich versuche es am bereits bis zum Anschlag strapazierten Thema Alkohol: Ich hatte also beschlossen, auf Alkohol zu verzichten. Das war für mich keine lebenslange, endgültige Abkehr davon. Wie erwähnt: nicht das Verteufeln des an sich recht unschuldigen Bieres per se. Mein Gedanke war: Wenn etwas (mein Verhalten) nicht mit Gottes Wort in Einklang ist, dann sollte ich doch lieber damit aufhören. Drei Gläser Bier konnten mit Gottes Wort total vereinbar sein, aber leider hatte ich eben den Hang dazu, danach nicht aufzuhören, sondern weiter zu bechern und immer wieder Dummheiten anzustellen.

Wenn dieser Verzicht nun in Gottes Sinne war – so hoffte ich –, dann würde er mich das schon wissen lassen. In der Bibel formulierte Jesus es etwas pointierter: »Und wenn du durch deine rechte Hand zu Fall kommst, dann hau sie ab und wirf sie weg! Es ist besser, du verlierst eines deiner Glieder, als dass du mit unversehrtem Körper in die Hölle kommst.« Ich habe keine Ahnung, wie die Profis diese Passage auslegen. Mir sagte sie eben: Wenn du weißt, warum du immer wieder stolperst, dann reiß die Ursache an der Wurzel aus. Die rechte Hand an sich war ja auch nicht der Übeltäter. Trotzdem musste sie weg.

Wer mich kennt, der wird bestätigen, dass diese dauerhafte Alkohol-Abstinenz ein wirklich heftiger Schritt für mich war. Kurz vor unserem Umzug in unsere neue Wohnung in Berlin-Niederschönhausen hatte ich noch meine Frau davon überzeugt, dass es eine famose Idee sei, eine Zapfanlage in die Küche einbauen zu lassen. Das hatte ich auch schon auf den ersten Eigentümerversammlungen, die zum gegenseitigen Kennenlernen stattgefunden hatten, verkündet. Es gab eine gewisse Enttäuschung unter einigen der geselligen neuen Nachbarn, als ich ihnen gestand, dass ich diesen Plan verworfen hatte.

Das Wunderbare und für mich nicht Erklärliche war: Der Bierverzicht fiel mir nicht eine Minute lang schwer. Früher hatte ich oft einen Monat »Bierpause« eingelegt. Mal in der Fastenzeit. Mal, weil ich dachte, es täte mir ganz gut und würde auch einen weiteren Diät-Versuch positiv untermalen. Gegen Ende des Monats wurde es immer ungemütlich. *Eigentlich muss es ja auch nicht ein ganzer Monat sein. Vier Wochen sind ja fast ein Monat. Und das letzte Wochenende? Naja. Wohlwollend könnte man doch auch das vierte Wochenende dazu benutzen, mit einigen Bieren zu feiern, dass man es irgendwie geschafft hat ...* Aber diesmal kamen diese Gefühle nicht auf. Bis heute nicht.

Ich hatte darum gebetet. Ich hatte Gott gebeten, mir zu helfen und mir damit zu zeigen, ob dieser Weg ein guter sei. Und seit dem ersten Moment fühlte es sich richtig an.

Es überraschte mich völlig, wie federleicht es war, meinen Alltag zu ändern, der eben auch häufig aus gemeinsamen Feierabend-Bieren bestand, aus Stadion-Besuchen, die ohne ein Bier in der Hand recht langweilig wirkten, aus unzähligen schönen Abenden mit Freunden in der Kneipe. Ich hatte immer etwas gebraucht, worauf ich mich freuen konnte. Während einer harten Woche der Ausblick auf eine gute Party am Freitagabend, die Euphorie, am Wochenende schon mit der Bierflasche in der Hand ins Stadion von Union Berlin zu fahren. Das alles würde für mich ohne Alkohol irgendwie seinen Reiz verlieren. Dachte ich. Vorher.

Die Wahrheit war: Es fiel mir kein klitzekleines bisschen schwer. Ich wurde auch nicht zum Wasser-Asketen – sondern freundete mich blitzartig mit alkoholfreiem Weizen und Pils an. Zack. So einfach ging das. Ich war völlig befreit von dem Zwang, mir künstliche Anlässe zur Vorfreude zu schrauben. Ich war dauerhaft froh. Und ich glaube fest daran – ich habe es Gott zu verdanken, dass es mir so leicht fiel und ich mich über jede weitere freiwillig verpasste Suff-Gelegenheit gefreut habe.

Eine Umarmung aus dem Inneren

Ich lag Gott in den Ohren, mich weiter zu verändern. So begeistert war ich von diesem spürbaren inneren Wandel. Er tat es. Je weiter ich selbst auf seinem Weg ging, desto mehr unterstützte er mich. Desto weniger wollte ich das Falsche tun und Schuld auf mich laden. Und je kleiner die Differenz wurde zwischen dem, was ich selbst gern tun wollte, und dem, was nach Gottes Wort gut und richtig ist, desto größer wurde die Leichtigkeit, die Einzug in mein Leben hielt.

Als ich bemerkte, wie ich mich innerlich umbaute oder umbauen ließ, brütete ich intensiv über den Heiligen Geist, über diese oft vernachlässigte dritte große Kraft der Dreifaltigkeit. *Die Apostel sind voll des Heiligen Geistes. Mit ihm werden sie getauft.*

Für mich wurde der Heilige Geist zum Gott in meinem Inneren, von dem ich beseelt sein konnte. Der mir half, die Worte zu verstehen, und der vielleicht am ehesten mit dem vergleichbar ist, was ich vorher Gewissen genannt habe. Oder anders: Gott sprach im Heiligen Geist zu mir, so dass mein Gewissen es für mich übersetzen konnte und die Antworten verstand.

Der Heilige Geist wurde für mich essenziell. Er war die unmittelbar für mich erlebbare Gottes-Gabe. Manchmal hatte ich das herrliche Gefühl, ausgefüllt zu sein mit dem Heiligen Geist. Zu wissen, was zu tun ist. Nicht mehr zu verstehen, wie Menschen zweifeln konnten oder Angst haben. Aber an anderen Tagen schien es mir, als sei der Heilige Geist nur noch das schwache Glimmen eines Kerzendochts, kaum wahrnehmbar.

Solche Momente machten mich orientierungslos und prompt unruhig. Wieder flüchtete ich mich ins Gebet um diese hell leuchtende Verbindung zu Gott. Darum, dass er jeden Tag aufs Neue dieses Licht in mir erstrahlen lassen möge, diese Klarheit, diese Glaubensfreude. Erneut fand ich in der Bibel die Bestätigung, dass ich mit diesem inneren Kampf nicht alleine war. Dass es Dinge oder auch Taten geben kann, die den Heiligen Geist zurückdrängen. Im ersten Brief an die Thessalonicher schreibt Paulus (Kapitel 5, Vers 19): »Legt dem Wirken des Heiligen Geistes nichts in den Weg!« Auch hier war also meine fleißige Mitarbeit gefordert. Kein »weiter wie bisher«. Sondern eine ganz neue Achtsamkeit auf mein Inneres. Auf meine Verbindung zu Gott.

Eigentlich könnte ich die Monate und inzwischen Jahre seit meiner Umkehr mit einer heiteren Flöten-Melodei unterlegen.

Wenn ich meine überwiegende Stimmungslage seit diesem Moment malen würde, kämen auf jeden Fall eine knallhelle Sonne, zwitschernde Vögel und klare Bergbäche mit auf die Leinwand. Wahrscheinlich auch ein Regenbogen.

Was mich davon abhält, auf diesen Seiten in ein nicht enden wollendes Jubel-Stakkato zu verfallen: Zum einen weiß ich, dass mir bislang das schlimme Leid, das so viele andere Menschen schon erduldet haben, erspart geblieben ist. Es fällt mir leicht zu behaupten, ich hätte keine Angst vor dem Morgen und könnte bei allem auf Gott vertrauen. Ich weiß ja gar nicht, wie es ist, wenn man sich plötzlich wirklich gottverlassen fühlt.

Daher kann ich auch keinem Menschen sagen: *Mach es so wie ich – und plötzlich geht es dir bombig! Und zwar morgens, mittags, abends, nachts und am nächsten Tag genauso!* Vielleicht empfindet das jemand, der einen geliebten Menschen verloren hat oder von einer schlimmen Krankheit gequält wird als eine Anmaßung. Ich bin es nicht, der behaupten kann: *Ich weiß genau, wie du dich fühlst. Hatte ich auch schon mal. Ein Gebet – schon war alles wieder gut.* Ich habe erst eine sehr kurze Strecke auf dem Weg des Glaubens zurückgelegt. Wer weiß, welchen Prüfungen ich mich noch stellen muss?

Zum anderen hat mir Gott nicht von einem Moment auf den anderen eine gewaltig-große rosa-rote Brille aufgesetzt, durch die ich nun die Welt verklärt lächelnd betrachte. Die Bekehrung ist für mich persönlich tatsächlich so wunderbar, dass sie an ein Wunder grenzt. Sie ist Gottes Wunder. Dennoch hat sie mich nicht getrennt von den vielen furchtbaren Ereignissen, die Tag für Tag auf der Erde geschehen. *Wärt ihr mal so schlau wie ich, ihr verirrten Schäflein! Ich kenne da einen geheimen Trick, der alle Sorgen verschwinden lässt.* Nein! Den Trick gibt es wohl nicht.

Aber es gibt diesen Weg, auf den Gott mich gelenkt hatte, der für mich fester und zielführender war als das ängstliche, orientierungslose Rumgeeier all die Jahre zuvor: »Es soll euch zuerst um Gottes Reich und Gottes Gerechtigkeit gehen, dann wird euch das Übrige alles dazugegeben.« Das Faszinierende daran war: Dieses »Übrige« konnte ich nicht sehen, schmecken, anfassen. Aber ich konnte es so oft fühlen. Es waren diese kleinen Gotteserfahrungen. Dieses absolute Wissen, in Gott zu sein, sicher gehalten zu werden, von Gott geliebt und gewollt zu sein, das sich so schwer in einem Sekundenprotokoll wiedergeben lässt – das aber viele gläubige Christen kennen. Der Moment, in dem dich der Heilige Geist aus deinem Inneren heraus umarmt.

Wahre Liebe

»Hey, du schreibst also ein Buch über den Glauben?«, startete eine Bekannte in unseren Smalltalk. »Wird das so eine Art Ratgeber? ›In 84 Schritten zu Gott‹ oder so?« Eigentlich schade, dass mir dieser Service von vornherein unmöglich erschienen war. Denn ich denke, Gott lädt jeden auf eine andere Art und Weise ein, ihm nachzufolgen. Es gibt so viele unterschiedliche Geschichten von Menschen, wie sie zu Gott gefunden haben, auf welche Weise sie seine Einladung bekommen und angenommen haben.

Wenn ich mit Menschen sprach, die ebenfalls bewusst zu Gott umgekehrt waren, hatten die alle eines gemein: das Loslassen, das Gott-Vertrauen, der kindliche Glaube an die Liebe Gottes und damit verbunden die totale Hingabe an ihn. Ihnen fiel es – wie inzwischen auch mir – sehr schwer zu verstehen, wie jemand sagen konnte, dass er ehrlich und aus aufrichtigem Herzen Jesus Christus als seinen Erlöser angenommen hatte und ihn gleichzeitig irgendwo zwischen »Job« und »Freizeitplanung« auf seiner Prio-Liste einsortierte. *Das kann doch nicht sein, wenn man gleichzeitig an das Wunderbare glaubt, an den Frieden und die Versöhnung, an die Vergebung und die Freiheit, die Jesus in unsere Welt gebracht hat!*

Diese totale Umkehr bedeutete aber auch, dass der ernst gemeinte Glaube schwere Folgen haben konnte.

In der Bibel wird das mehrfach so knallhart und deutlich von Jesus formuliert, dass es mir beim ersten Mal Lesen fast wie ein Faustschlag in die Magengrube vorkam und für mich gar nicht so klang wie der gütige Heiland, der da sprach. Ein Beispiel? »Wer Vater oder Mutter mehr liebt als mich, ist es nicht wert, mein Jünger zu sein, und wer Sohn oder Tochter mehr liebt als mich, ist es nicht wert, mein Jünger zu sein. Wer nicht sein Kreuz auf sich nimmt und mir nachfolgt, ist es nicht wert, mein Jünger zu sein. Wer sein Leben erhalten will, wird es verlieren; wer aber sein Leben um meinetwillen verliert, wird es finden.« (Matthäus 10, 37-38)

Das war schon starker Tobak für mich. Doch ich gelangte zu einem Punkt, an dem ich glaubte, diese Worte verstanden zu haben. Es ging nicht um das klassische, allseits bekannte Leben und Sterben: Deckel zu und weg. In meinem Fall ging es um das alte Leben vor der Bekehrung zu Gott, um den Tod des alten Ichs und das darauf folgende Wieder-Geboren-Werden in Gott. Es hieß nicht, dass ich meine Kinder weniger lieben sollte als vorher. Es bedeutete aber sehr wohl: Das, was in meinem neuen Leben zählte – über allem anderen –, war Gott. Der mich geschaffen hatte, der mir alles gegeben hatte, dem ich vertrauen konnte. »Wer sein Leben um meinetwillen verliert, wird es finden.«

Ich hatte mein altes Leben um seinetwillen verloren – und hatte ein neues Leben mit Sinn gefunden, das mehr war als eine bloße Spekulation oder ein Lifestyle-Test. Ein Leben, in dem Gott mir immer und immer wieder auf wunderbarste Art und Weise zeigte, dass es das wahre Leben ist. Das echte Leben. Ich liebte meine Kinder seit ihrer Geburt wie behämmert. Aber vielleicht wurde diese Liebe durch die Gottes-Erkenntnis sogar noch befreiter, noch größer, noch herzlicher, als sie es vorher war. In dem Wissen, dass sie nicht in einer gottlosen Welt leben und dass jemand da ist, der auf uns alle aufpasst. Der über uns allen steht und den wir dafür noch mehr lieben können als uns selbst. Das Einzige, das gestorben war, war das Ich-Ich-Ich.

Radikal gläubig

In dem oben zitierten Vers spricht Jesus auch von der Nachfolge. Wieder so ein Wort, das den Frischlings-Christen Daniel sehr lange umtrieb. Klingt irgendwie etwas vermessen, Jesus nachfolgen zu wollen. Auf seinen Spuren zu gehen. Gleichzeitig aber sagt er es an vielen Stellen: »Komm, folge mir nach!« (Markus 10, 21) »Kommt, folgt mir nach! Ich will euch zu Menschenfischern machen.« (Matthäus 4, 19) Nachfolge – das hatte einen anderen Klang in meinem Herzen als Anbetung, Verherrlichung, Ehrfurcht.

Ich begann ein Buch zu lesen, das mir ein Freund empfohlen hatte, weil es angeblich von eben dieser ernst gemeinten Nachfolge handeln würde. Es hieß »Not a Fan« und kam mir ziemlich radikal vor. Darin beschrieb ein Pastor aus Kentucky, wie er zu der Überzeugung gelangt war, dass Jesus keine Fans haben wollte, die ihm zujubelten und ihn beklatschten. Sondern Nachfolger. Ihm ging es darum, dass sich Christen nicht bei anderen Menschen anbiedern sollten mit einer Art Kuschel-Christentum, das jedem gefiel. Sondern dass nur bedingungslose Hingabe zu Gott zu unserer Rettung führte, auch wenn dies nach außen zuweilen unpopulär sein und nach innen ans Eingemachte gehen könne. Inzwischen hat sich aus diesen Impulsen offenbar sogar eine eigene Bewegung in den USA gegründet.

Nicht alles in diesem Buch hätte ich nickend unterschrieben. Aber in einem zentralen Punkt hatte ich dieselbe Erfahrung mit Gott gemacht: Glauben forderte die Nachfolge. *Jesus ist cool, aber nicht alles, was er von uns fordert, gefällt mir, und deshalb dreh ich ihm hier und da ein bisschen das Wort im Mund herum* – das war kein guter Ansatz.

Ich wollte niemand sein, der Gottes Wort überfliegt, um dann nur dort zuzugreifen, wo es ihm schmeckt, während der Rest höflich von mir ignoriert wird. Diese Buffet-Mentalität war mir zuwider. Ich wollte mir mein Glaubensmenü nicht selbst zusammenstellen, bis es genau meinen Geschmack traf. Was heißt *Ich wollte nicht?* Ich durfte nicht! Es war falsch! Denn dann war es kein Glaube mehr an Gott, kein Loslassen und kein Vertrauen darauf, dass er mich führte – dann wäre ich ganz schnell wieder bei dem, was ich vorher Individualglaube genannt habe. Bei dem ganz persönlichen Rezept für ein angenehmes Leben, das man dann aus einer Laune heraus »Glaube« nennt. Damit wäre Glaube ein Hobby oder ein hochtrabendes Etikett für meine Meinung.

Nein. *Gott hat uns seine Worte gegeben, auf die Verlass ist. Er ist das Lebenselixier.* Darauf hatte ich mich eingelassen und in jedem Moment der wachsenden Beziehung zu Gott erfahren, dass dieses Vertrauen auf sein Wort gut war. Dass es eben nicht meine Entscheidung oder meine persönliche Meinung war, die zählte – sondern allein das, was Gott mir sagte. Dieser Deal war Teil des Neu-Geboren-Werdens durch die Umkehr zu ihm. Dieser Pakt gab Kraft und Gewissheit und führte mich weiter in dem ruhigen Glauben, dass diese Worte mich in die richtige Richtung wiesen.

Ich habe lange gezögert, über diese Radikalität des Christentums zu schreiben. Radikal ist ein oft völlig zurecht negativ besetzter Begriff. Radikal ist meist schlecht. Zu viel, zu krass, zu sehr über das Ziel. Besonders, wenn es politisch wird. Im klassischen Fall zusätzlich versehen mit einer gehörigen Portion Intoleranz allem anderen gegenüber.

Andererseits: Ich bekannte mich ja dazu, mein altes Leben aufgegeben zu haben, dazu, dass Gott für mich der Sinn in allem war, für den ich jeden Schritt gehen wollte. Das ging eben an die Wurzel. Das war radikal – und sei es nur für mich persönlich. Nicht halbgar, nicht ein bisschen gläubig. Sondern ehrlich mit aller Kraft darum bemüht, in Gott zu bleiben.

In der Offenbarung, die zum Glück nicht mein Einsteiger-Kapitel war, steht:

»Aber weil du weder warm noch kalt bist, sondern lauwarm, werde ich dich aus meinem Mund ausspucken!« (3, 16) Lauwarm. Gleichgültig. *Ist ja nicht so wichtig* ... Nein, das hatte mir Gott nicht ins Herz gepflanzt. Das Christentum verlangte ein radikales Bekenntnis von mir. Aber radikal gut, radikal treu, radikal in der Vergebung (wirklich allen gegenüber), radikal in der Liebe der Mitmenschen, radikal fürsorglich, radikal barmherzig. Das klingt vielleicht nicht mehr so abschreckend. Und intolerant auch nicht.

Glaube meets ISIS

Wie sehr das Bekenntnis zu Christus an die eigenen Wurzeln gehen und zu welch heftigen Diskussionen das führen konnte, lernte ich im Frühjahr 2015.

Eigentlich lief gerade alles wundervoll glatt im Hause Böcking. Neue Wohnung bezogen und in einer wundervollen Hausgemeinschaft angekommen, der Job machte Spaß, die Ehe war fast zuckerglasiert harmonisch, beide Kinder wohlauf, das dritte Kind war auf dem Weg. Mein Glaubensweg hatte hin und wieder ein paar herausfordernde Schlaglöcher, auch die eine oder andere kleine Fragezeichen-Biegung – aber meine Schritte darauf wurden immer bestimmter und sicherer, zugleich leichtfüßig, weil das Bewusstsein wuchs, das mich nichts auf diesem Weg wirklich zu Fall bringen konnte. Zu groß war inzwischen mein Vertrauen auf Gott. Zu stark meine Bindung zu Christus. Zu allgegenwärtig die Gottes-Liebe.

Es hatte sich viel für mich privat verändert seit der Bekehrung zu Gott. Waren es früher die Kneipenabende und Partys oder der nächste Karriereschritt gewesen, auf die ich hingearbeitet hatte, so füllten mich nun ganz andere Momente aus: Situationen, in denen ich wusste, dass ich das Richtige tat im Geiste Jesu. Das war im Gebet so, es war auch so, wann immer ich in der Bibel las oder mich auf die Suche nach Glaubensgeschwistern machte.

Natürlich umarmte ich auch jeden Moment mit den Kindern. Das Kind-Sein mit ihnen. Die Abende und Tage mit der Familie. Oft schwante mir, dass die unzähligen Schatzsuchen in Wäldern, Parks oder sogar alten Bunkern, die nun samstags an die Stelle von Bundesliga-Nachmittagen gerückt waren, mir fast mehr Spaß machten als Fritz und Elsa. In manchen Augenblicken war ich mir nicht einmal sicher, welcher Teil des Wandels allein auf der Umkehr beruhte und welcher Teil beinahe jedem Familienvater so oder so ähnlich widerfuhr.

Doch dann erinnerte ich mich an die Zeit, als Elsa schon bei uns war und ich überhaupt keinen konkreten Impuls gespürt hatte, etwas fundamental an meinem Alltag zu verändern, bis auf das, was sich naturgemäß ändern musste. Ich hatte sie stürmischst geliebt – aber trotzdem noch monatelang versucht, alles unter einen Hut zu bekommen. Karriere, Familie, Party. Stress, Hektik, Chaos.

Mein Lebens-Fokus hatte sich inzwischen enorm verschoben. Darauf, Liebe zu geben, in Gott zu bleiben, für die Kinder und Sophie da zu sein, meinen Job gut zu tun (so, wie es in der Bibel gefordert wird). Jeden Morgen erwachte ich mit einem Gebet und spürte die Kraft, die es mir gab. Ich fing sogar an, zum ersten Mal in meinem Leben wirklich eine Menge Sport zu machen, noch bevor alle anderen aufstanden – weil ich nicht länger schläfrig war und auch körperlich kein schlaffer, träger Mehlsack mehr sein wollte. *Danke, Gott, dass du mir einen neuen Tag geschenkt hast, an dem ich dir dienen darf! Ich will keine Sekunde davon vertrödeln.*

Jeden Abend betete ich nach der Gute-Nacht-Geschichte mit Elsa und Fritz. Und zumindest Elsa mit ihren drei Jahren fand schnell Gefallen daran, Gott zu erzählen, was sie an diesem Tag besonders schön gefunden hatte: einen Ausflug in den Tierpark, dass sie mit Mama einen Kuchen gebacken hatte, dass sie zwei Folgen »Meine Freundin Conni« hatte gucken dürfen ... (das »Danke Gott« fügte dann meist ich hinzu).

Das private Konfliktpotenzial war deutlich geschrumpft, weil viele Worte Gottes in meinem Herzen angekommen waren.

Zuvor hatte ich es lange Zeit als persönlichen Gerechtigkeitssinn empfunden, dass ich ziemlich pedantisch darin war, Dinge oder Leistungen gegeneinander aufzurechnen: *Nun habe ich unser Baby drei Mal gewickelt, also ist jetzt Sophie mindestens drei Mal dran ... Ist ja ansonsten ungerecht.* (Ob Sophie in Wirklichkeit 1000 zu 100 geführt hatte, spielte dabei keine Rolle.) Hatte ich jemandem Geld geliehen, wollte ich es zwar nicht prompt zurück.

Doch wenn es etwas länger dauerte oder derjenige es gar vergessen hatte, kratzte eine innere Empörung in mir. *Wenn ich jetzt den Mund halte, hätte ich es ihm auch gleich schenken können. Wenn ich etwas sage, stehe ich als Gierschlund da! Das ist doch unfair!*

Diese Emotionen wurden viel schwächer. Gott sei Dank! Er war dabei, sie aus meinem Herzen zu verbannen. Meine Aufgabe war es, zu dienen, zu geben, als echter Christ zu leben.

Ich war Gott zutiefst dankbar, denn ich wusste, dass ich keine dieser Veränderungen mir selbst zu verdanken hatte. Abgesehen davon, dass ich natürlich noch oft stolperte und mich manches Mal wie ein rückfälliger Alkoholiker fühlte, wenn ich dann doch wieder wegen einer Lappalie zickig geworden war, hatten diese schlechten Eigenschaften mehr als drei Jahrzehnte lang zu meinem Wesen gehört. So fiel es mir leicht anzuerkennen, wem ich diesen Wandel zu verdanken hatte. Einen Wandel, der nicht erzwungen war, sondern den ich bejubelte. Denn mein Leben war leuchtender als je zuvor. Ich vermisste überhaupt nichts.

Doch plötzlich rollten abgeschlagene Köpfe in dieses fast kitschige Idyll eines christlichen Alltags. Ich fühlte mich angesprochen von Gott: »Beweg dich! Handel! Es reicht nicht, mit dir selbst im Reinen zu sein! Es gibt etwas zu tun. Steh auf für Gott!«

ISIS hatte mich von meinem gemütlichen Platz auf dem Sofa runtergeholt und mich zu einem veritablen inneren Wut-Anfall geführt.

Schon seit Monaten mordeten diese Monster in Syrien und im Irak. Viele der Enthauptungen hatte ich mir unzensiert auf Video in der Redaktion angeschaut. Ich halte mich wahrlich nicht für zart besaitet und hatte nicht zuletzt als Polizeireporter Jahre zuvor so ziemlich alles an menschlicher Grausamkeit, was mir vorstellbar erschien, sehr nah erlebt und recherchiert. Doch ISIS war mit nichts von alledem zu vergleichen.

Wie sich die Henker inszenierten. Wie sie ihre Geiseln in der Wüste im Angesicht des Todes dazu zwangen, ihre Propaganda-Texte aufzusagen. Wie sie am Ende das Messer an die Kehle setzten und anfingen, den Kopf abzuschneiden. Alles hochauflösend gefilmt. Das Geräusch, was als letztes auf diesen Videos zu hören war, bevor im nächsten Bild der abgetrennte Kopf zu sehen war. Das wühlte in meinem Magen. Das wühlte mich auf. Schon lange. Aber ich hatte keine Idee, was ich tun konnte – außer darüber zu berichten und im Stillen zu Gott zu beten, dass es bitte aufhören möge und dass er den Hinterbliebenen und den noch lebenden Geiseln Trost und Kraft und Beistand gebe.

Die Wahrheit war: Die Grausamkeit von ISIS hatte tatsächlich bis in meinen privatesten Bereich traurige Auswirkungen. Ich war zufrieden in meinem Glauben, in meiner kleinen, sehr persönlichen Welt. Doch es war nicht die Zeit, in der man offensiv das Gespräch mit anderen über Gott suchte. Zumindest tat ich es in diesen Monaten kaum. ISIS hatte mich in diesem Punkt stumm werden lassen.

Gott – das war doch der, in dessen Namen auch die Terroristen töteten. Gut, man konnte das differenzierter sehen. Zum einen glaubten die Mörder ja nicht an Jesus Christus, zum anderen gab es kaum jemanden, der die ISIS-Fanatiker als echte Muslime bezeichnet hätte. Trotzdem existierte der Dreisatz: Hier passiert Böses im Namen einer Religion. Religion kann also zu Bösem führen. Deshalb sind bestimmt alle Glaubensrichtungen in ihren intensiven Ausprägungen Verursacher des Bösen. Oder anders: *Nichts gegen ein bisschen Glauben. Aber sobald Leute ihren Glauben ernst nehmen und ihr Leben danach ausrichten – wenn sie radikal glauben –, wird es zu Fanatismus, der zum Hass auf andere und in letzter Instanz zu Terrorismus wird.*

Wirklich richtig, mit Haut und Haaren, mit Herz und Seele,

an Gott zu glauben und in allem seinem Tun ihn im Blick zu haben – das war in diesen Monaten wahrlich nicht en vogue.

Selbstverständlich wusste ich, dass Gottes Wort mich zum Bekenntnis zu ihm verpflichtet. Ebenso dazu, seine Botschaft zu verkünden, wann immer es geht. Warum hatte ich mich selbst dann dermaßen mit diesem fast schamvollen Schweigen über meinen Glauben abgefunden? Aus Angst vor Spott von Freunden und Kollegen oder gar vor Wut auf mich? Aus Sorge darüber, dass mir aggressive »Aber vergiss nicht die Kreuzzüge ...!«-Diskussionen um die Ohren fliegen würden, wenn ich von der Friedensbotschaft der Bibel spreche? Ich konnte dieses Nichts-Tun mit rein gar nichts rechtfertigen. Außer mit meiner Angst, zur falschen Zeit das falsche Thema anzuschneiden. Als müsste ich Gott davor schützen, im falschen Moment auf einer Zeitgeist-Party zu erscheinen ...

An einem Abend im April – ich hatte es mir mit Sophie tatsächlich gerade recht gemütlich auf unserem Wohnzimmer-Sofa gemacht – platzte mir der Kragen. Weil es in diesen Minuten eigentlich überhaupt keinen besonderen Anlass oder Auslöser gegeben hatte, wage ich zu behaupten: Gott ließ meinen Kragen platzen. Eben noch leicht lethargisch, latent selbstzufrieden, aber eingepuppt in den eigenen Glauben bis hin zur Isolation, konnte ich es mit einem Mal gar nicht mehr abwarten, laut und deutlich über Gott und die Gute Nachricht des Friedens und der Versöhnung und der Barmherzigkeit und der Gewaltlosigkeit zu reden. Oder in meinem Fall: zu schreiben.

Als stellvertretender Chefredakteur lag mein letzter eigener Text einige Zeit zurück. Meinungsstücke zu politischen oder gesellschaftlichen Themen waren nicht gerade das, was ich als meine Lieblingsdisziplin bezeichnet hätte. Aber dieser Ruf in mir war da: »Steh auf! Tu etwas für Gott!«

Ich fragte sofort Sophie, die neben mir saß, ob sie ein Problem damit hätte, wenn ich sehr persönlich für BILD über meinen Glauben schreiben würde und vor allem, was das in Bezug auf den ISIS-Wahnsinn für mich bedeutet. Sie bat nicht einmal darum, den Text vorher zu lesen. Für dieses Vertrauen hätte ich sie umarmen können und habe es vermutlich auch getan, denn neben den zu erwartenden überraschten und vielleicht irritierten Reaktionen von Freunden und Bekannten hätte es ja durchaus weitere »Lieber nicht«-Argumente gegeben.

So ein Artikel ist sicher keine mutige Heldentat. Aber aus der Perspektive einer zweifachen Mutter mit einem dritten Kind unter ihrem Herzen wäre es gewiss nachvollziehbar gewesen, hätte sie gesagt: »Leg dich mal lieber nicht öffentlich mit denen an. Wer weiß, wozu die fähig sind.« Hat sie nicht getan. Sie hat gesagt: »Wenn du es für richtig hältst, dann tu es.« Also tat ich es.

Noch in der Nacht tippte ich in meinem Bett in die Notizen-App meines iPhones einen für BILD-Verhältnisse absurd langen Text. Je länger ich schrieb, desto weniger wurde es eine Abrechnung mit ISIS durch eine christliche Brille – sondern ein Appell an alle Christen, sich JETZT ERST RECHT zu ihrem Glauben zu bekennen und den christlichen Worten Taten folgen zu lassen. Das ging an meine Wurzeln. Mir war klar, dass ich diesen Text nicht unbemerkt an Kollegen vorbei ins Internet schmuggeln könnte und dass er für mich Folgen haben könnte. Ich betete. Ich lauschte Gottes Antwort – und schickte den Text irgendwann nach Mitternacht meinem Chefredakteur.

Abgesehen davon, dass er qua Amt meinen Erguss hätte im digitalen Papierkorb verschwinden lassen können, legte ich wert auf sein inhaltliches Feedback. Und wenn er antworten würde: »So etwas veröffentlichen wir niemals!« Wäre das dann auch Gott gewollt? Ich wusste es nicht und fühlte mich friedlich damit, das getan zu haben, wozu Gott mich angestupst hatte. Die Antwort vom Chef kam recht zügig und lautete: »Genau so machen wir das.«

Dieser Text ging also am 28. April 2015 groß auf der Website von BILD online (da es hier auch um Flüchtlinge geht: Damals gab es zwar schon einen spürbaren Zustrom, doch das Wort »Flüchtlingskrise« war noch nicht täglich in aller Munde. Dazu kam es erst unmittelbar danach):

Überschrift:
»Warum ich mich heute als Christ outen will!«
BILD-Redakteur Daniel Böcking erklärt, was der ISIS-Wahnsinn für seinen Glauben bedeutet

Dieser Text fällt mir nicht leicht. Denn ich schreibe ihn nicht als »die BILD« oder als neutraler Reporter. Sondern als Christ. Als Christ, der mit dem ISIS-Wahnsinn überfordert ist.
Auch mancher Kollege mag sich wundern, denn ich renne nicht täglich mit einem Schild durch die Redaktion, auf dem steht: »Guckt mal! Ich bin Christ und versuche jeden Tag aufs Neue, mein Leben in den Dienst von Jesus Christus zu stellen.« Ich bin nicht die Kirche und kein Lobbyist einer religiösen Organisation. Ich bin nur einer von Millionen Christen. Und zum ersten Mal schreibe ich darüber.
Denn ich kann nicht länger die Füße stillhalten – oder besser: die Finger. Für mich ist es Zeit, laut von der Liebe Gottes zu erzählen und von der Vergebung durch Jesus Christus. Von unseren Werten als Christen und warum sie genau jetzt so wichtig sind! Am liebsten würde ich zu jedem ISIS-Kämpfer gehen und ihm sagen: »Hör auf mit dem, was du da tust, und kehr um! Gott liebt auch dich und kann dir vergeben. Das, was

du da tust, hat nichts mit Gott zu tun und ist in keiner Religion eine gute Tat.«

Okay, das ist unrealistisch – zumal die Aufmerksamkeitsspanne meines Gegenübers eventuell lebensbedrohlich kurz wäre. Aber dennoch macht es mich fassungs- und hilflos, wie stumm wir Christen derzeit das Morden beobachten. Mir geht es hier nicht um die politische Ohnmacht oder um das Entsetzen, das wir alle teilen – ob Christ oder nicht. Mir geht es konkret darum, dass wir als Christen eine Botschaft mitzuteilen haben, und viele trotzdem still sind. Auch ich, bisher.

Haben wir Angst, uns zu unserem Glauben zu bekennen und entsprechend zu handeln, weil andere vermeintlich gläubige Menschen so unfassbares Böses anrichten? Weil uns der Glaube unangenehm geworden ist? Weil Religion plötzlich so oft nah am Fanatismus scheint? Kein Glaube rechtfertigt ISIS. Und gerade weil sie Gott als Rechtfertigung missbrauchen, muss es doch jedem Gläubigen im Herzen so weh tut tun, dass er schreien will.

Oder wissen wir einfach nicht, was wir tun sollen? Ich hatte vor wenigen Tagen die Ehre, Lord George Weidenfeld zuzuhören. Er sagte zur aktuellen Lage sinngemäß: »Ich verstehe diese Generation Christen nicht. Ich verstehe nicht, dass sie nichts tut.« Da kam ich wieder ins Grübeln. Es werden Christen ermordet, weil sie zu ihrem Glauben stehen. Und das soll keine Auswirkungen auf mein sichtbares Handeln als Christ haben?

Das Neue Testament gibt uns keinen Kampfauftrag. Im Gegenteil: Es ruft zum Frieden auf, oft sogar zum Erdulden von Ungerechtigkeiten. Auch Christen haben das schon ignoriert und Furchtbares angerichtet. Aber müssen wir deshalb heute still sein? Ganz sicher nicht! Im Gegenteil!

Wieder und wieder werden wir in der Bibel aufgefordert, uns frei und ohne Angst zu Gott und Jesus zu bekennen. Und damit zu den Grundpfeilern der guten Nachricht: zu Liebe, Barmherzigkeit und Vergebung. Auch dieses offene Bekenntnis ist eine Tat und der beste Anfang.

Wie schön wäre es, wenn solche Botschaften Twitter und Co überfluten. Wenn wir von unserem Glauben berichten, in dem es eben nicht um Rache oder Kreuzzüge geht. Jesus hat nicht »Auge um Auge« gepredigt, sondern die berühmte andere Wange, die wir hinhalten sollen. Er hat nicht verdammt, sondern selbst dem größten Sünder Hoffnung auf Vergebung gemacht. Glaube darf nicht zerstörerisch sein. Mein Glaube ist friedlich und versöhnlich. Gott kann sogar ISIS vergeben.

Ich hoffe, das klingt nicht zynisch für diejenigen, die direkt vom Leid betroffen sind. Keine Ahnung, ob ich selbst zu so einer großen Vergebung fähig wäre. Aber das Neue Testament gibt uns auch Aufgaben und Verpflichtungen – und zwar jedem von uns Christen, nicht nur den Hauptberuflichen. Es ist kein Ruf zu den Waffen, sondern der Ruf, das Böse mit Gutem zu überwinden. Nicht verschämt schweigen nach dem Motto »Zur Zeit ist wohl nicht der richtige Moment für Glaubensbekenntnisse« – sondern handeln.

Klingt das zu naiv, zu abstrakt? Ich versuche es konkreter: Wann, wenn nicht jetzt, sollten wir damit anfangen, Barmherzigkeit und Nächstenliebe in die Tat umzusetzen? Etwa 300 Christen sollen noch im Nordosten Syriens als Geiseln gefangen gehalten werden. 15 äthiopische Christen wurden vor einigen Tagen von ISIS-Kämpfern erschossen, 15 enthauptet und dabei gefilmt. Weil es hier um die Rolle der Christen geht, erwähne ich nur diese neben so vielen anderen grauenhaften Taten. Im Februar wurden 21 koptische Christen in Libyen geköpft. Gestorben für ihren Glauben.

Wir stehen zum Glück nicht vor der Entscheidung: den eigenen Glauben leugnen oder sterben. Gerade deshalb sollten wir jetzt umso deutlicher dazu stehen. Wir sollten wieder anfangen, von dem Guten im Glauben zu berichten, auch wenn es aktuell nicht in Mode scheint. Und wir sollten die Ärmel hochkrempeln und unser Christ-Sein sichtbar machen.

Millionen Menschen sind auf der Flucht. Gerade erst sind wieder 900 Menschen in der Hoffnung auf eine bessere Welt vor der Küste Libyens ertrunken. Manche der Fliehenden schaffen es bis zu uns in die Nachbarschaft. 60 000 Syrer haben bei uns Asyl beantragt.

Ich habe in den letzten Wochen viele Flüchtlingsunterkünfte und Hilfsvereine angerufen, um zu sehen, ob es eine Möglichkeit zu helfen gibt. Nur einmal hörte ich, dass keine weitere Unterstützung nötig sei. Alle anderen waren dankbar und hatten großen Bedarf. (Nur am Rande: Ich hätte schon viel mehr beitragen können, aber verdränge den christlichen Auftrag zu oft im eigenen Alltagsstress. Der Appell geht also genauso an mich selbst.)

Es gibt viel zu tun! Es ist der richtige Moment, anderen beizustehen. Auch und erst Recht im Namen von Jesus Christus. Mit Spenden, mit Hilfe in Asylbewerberheimen, mit gemeinsamen Gebeten, mit Gesprächen, Bekenntnissen und Botschaften auf allen Kanälen. Mit einer großen Koalition für das Gute im Namen Gottes. Laut, sichtbar, hörbar. Jeder so gut wie er kann. Viele handeln schon – aber noch ist es keine Welle.

Ich habe für mich gelernt, was der Glaube in meinem Leben verändern kann. Wie mächtig die Liebe ist. Ich bete oft für ein Ende dieses Wahnsinns, für die Opfer und die, die in Angst vor ISIS leben müssen. Ich versuche auch, mit ehrlichem Herzen für die Täter zu beten. Dafür, dass sie umkehren, ihre Grausamkeit bereuen und Vergebung erfahren. Ich bin nie allein mit meiner Wut und Verzweiflung und meiner Hoffnung auf eine bessere Welt. Aber ich war bislang auch nicht öffentlich damit.

Vor einigen Wochen las ich die Geschichte einer amerikanischen Journalistin »Why I am coming out as a christian«. Mir ging dieser Artikel nicht mehr aus dem Kopf. Er war (wie man leicht erkennen kann) auch Anregung für diesen Text. Christ-Sein bedeutet mehr als stille Gebete und fromme Worte im kleinen, privaten Kreis. Christ-Sein heißt handeln. In der Familie, im Freundeskreis, bei der Arbeit, öffentlich. Nicht der Glaube ist ein Problem, sondern was der Mensch damit macht. Der Glaube an Gottes Liebe, Gnade und Vergebung ist kein Problem, sondern unsere Chance.

Ich freue mich auf Meinungen und Diskussion auf Twitter: @DanielBoecking

Wer hat mir vor den Kopf gehauen?

Ich war nervös, was nun passieren würde. Nervös auf mehreren Ebenen: Würde ich von den üblichen Online-Trollen in der Luft zerfetzt? Würden mich theologisch bewandertere Menschen (sicher sanftmütiger) darauf hinweisen, dass ich da wohl irgendwas in der Bibel falsch verstanden hätte? Was würden die Kollegen zu mir und vor allem hinter meinem Rücken sagen? So exotisch schien mir dieser Beitrag damals. Viel intimer aber war die Unruhe, wie meine Freunde und erst recht meine Familie reagieren würden.

Man merkt: Ich hatte nicht vielen von ihnen offensiv erzählt, dass ich zu Gott umgekehrt war und Jesus Christus zum Fixstern meines Lebens gemacht hatte ... Wenn man in Berlin wohnt, fern der Siegerländer Heimat, ergeben sich auch gar nicht so viele Gelegenheiten, alten Kumpels mal eben was von der eigenen Bekehrung zuzuraunen. Es sei denn, man hätte solche Gelegenheiten offensiv gesucht. Das hatte ich offensichtlich nicht.

In den Minuten nach Veröffentlichung passierte ... zunächst nichts Besonderes.

Den ersten Kommentar erntete ich auf Facebook. Im Link stand: »Warum ich mich heute als Christ outen will.« Der Kommentar dazu von einem gewissen Marcel: »Weil du ein kleiner Edathy bist? Keinen Plan, warum!«

Na, das konnte ja heiter werden. Ein anderer versuchte immerhin, mir mit guten Ratschlägen weiterzuhelfen: »Bitte hör auf, Drogen zu nehmen!«, schrieb ein Manuel. Einige Male wurde die Anti-BILD-Keule in den Kommentaren geschwungen: »Wow, BILD ist wieder am hetzen! Seid ihr stolz?«, las ich. Oder (Wer etwas Wichtiges zu sagen hat, macht keine langen Sätze ...) ein knackiges »Fuck BILD!« Auf Twitter wurde es geradezu spirituell: »Lieber Daniel Böcking, erscheine doch bitte mal diesen Sonntag in der Kirche. Ich habe dort ein Hühnchen mit dir zu rupfen. Liebe Grüße, Jesus.« Irgendwie fiel es mir doch schwer zu glauben, dass Jesus unter dem Account »Uberborx« twitterte.

Dann aber geschah etwas, womit ich nicht gerechnet hatte. Normalerweise war die Interessenkurve an einem Online-Artikel fast immer vom Start weg fallend. Fing es mit x Lesern pro Minute an, reduzierte sich das von Stunde zu Stunde, je nachdem, wie schnell der Artikel auf der Homepage nach unten durchgereicht wurde und schließlich auf irgendwelchen hinteren Seiten verschwand.

Doch im Fall meines Glaubensbekenntnisses im Schatten von ISIS nahm das Interesse nach und nach zu. Die Kommentare kamen plötzlich immer schneller. Und sie wurden freundlicher. Auf Twitter schrieb jemand: »Ein genialer Artikel, der gut zusammenfasst, um was es in der Nachfolge geht.« Immer häufiger folgten kurze Tweets an mich, in denen einfach »Danke« stand.

Auch einige Kollegen teilten den Artikel nun in den sozialen Netzwerken. Mit manchen von ihnen hatte ich höchstens ein oder zwei Sätze in all den Jahren bei BILD gewechselt. Ich war verblüfft. Dann bekam ich einige Emails. Ebenfalls von Leuten, die ich kannte, die ich aber nicht zu meinem engeren Umfeld zählte. Eine Assistentin aus einer anderen Abteilung zum Beispiel bedankte sich und schrieb mir, wie schön es sei, dass andere Kollegen ebenso im Glauben zuhause seien.

Das Bistum St. Gallen nannte es in einem Twitter-Kommentar »Ein erstaunliches Bekenntnis« und schrieb »Danke!«. Mehrere andere Kirchenseiten teilten den Artikel. Ebenfalls auf Twitter bekam ich die Nachricht: »Phänomenal! Ich danke sehr herzlich für diesen ehrlichen und einfühlsamen Text. Er verbreitet sich wie ein Lauffeuer!« Ich wurde sogar um eine englische Version gebeten, um ihn auch ins Ausland weiterreichen zu können.

Ich war baff. Und total überfordert. Natürlich gab es auch weiter Spott. Aber weniger Häme als Zustimmung. Meine kleiner Beitrag zum Thema Glauben wurde digital weiterverbreitet, indem User ihn auf Twitter retweeteten oder auf Facebook teilten. So fand er immer neue Leser – und der Kommentarstrom riss nicht ab. Es gab über 18 000 Facebook-Reaktionen. Besonders bewegten mich jene, die mir das Gefühl gaben, zumindest ein klitzekleines bisschen etwas angestoßen zu haben. Ein Beispiel: »Lassen Sie sich nicht unterkriegen von Kritikern, die die kirchlichen Einrichtungen als Argumentation gegen das Christ-sein verwenden (...) Allein die Heilige Schrift sollte Wegweiser in unserem Leben sein. Nochmals vielen Dank für Ihr Mutmachen, sich in der heutigen Zeit zum Christsein zu bekennen und Christsein zu leben!« Die Formulierung »Das macht Mut« fiel häufiger und gefiel mir. Schließlich war allen voran ich es, dem bislang der Mut gefehlt hatte, mich nicht nur im kleinsten Kreis (Sophie und ich), sondern auch nach außen zur Nachfolge Christi zu bekennen.

Es gab erste Interview-Bitten und über hundert Freundschafts- und Vernetzungsanfragen auf Facebook, LinkedIn, Xing. Die Interview-Bitten legte ich mir auf Wiedervorlage, die Freundschaftsanfragen nahm ich vorbehaltlos an. Ich dachte mir: Ist doch wunderbar, sich auf diesem Weg mit anderen Christen zu verbinden.

Noch eine Woche nach Veröffentlichung des Artikels erreichten mich täglich dutzende Nachrichten per Twitter, Facebook oder Mail. Eigentlich ganz cool, könnte man denken. Aber mir fiel damals schon auf – und das machte mich froh –, dass mir dieser Wirbel nicht behagte.

Ich denke, es gibt die geborenen Zirkuspferde, die erst richtig losgaloppieren, wenn alle Scheinwerfer auf sie gerichtet sind. Und dann gibt es diejenigen, die sich unwohl im Rampenlicht fühlen. Ich gehörte definitiv zur zweiten Kategorie.

Aber genau darüber, über dieses Unbehagen, freute ich mich. Denn nun konnte ich sicherer sein, diesen Schritt nicht für mich selbst und aus Selbstdarstellungstrieb heraus gegangen zu sein. Sondern dass ich ihn für meinen Glauben, für Gott unternommen hatte.

Ich erinnere mich, dass ich mit Sophie abends in der Berliner Tram unterwegs war, Twitter auf meinem Handy öffnete und las, dass ich wieder zig neue Nachrichten und Erwähnungen erhal-

ten hatte. Prompt bekam ich einen Kloß im Hals. Ein unange-
nehmes Kribbeln, vielleicht vergleichbar mit dem Gefühl, das
man hat, wenn man einen Brief öffnen muss, der den Absender
»Justizbehörde« trägt. Man weiß nicht genau, was einen erwartet. Es kann nett sein, belanglos – oder aber ein Schlag mit der
Bratpfanne ins Gesicht. Ich schloss kurz die Augen und sprach
ein kleines Spontan-Gebet. Ich bat um innere Ruhe, ich wollte
mich anlehnen, wissen, ob das jetzt tatsächlich richtig und wichtig sei. Und da war sie wieder, diese Umarmung von innen, die
mir das Gefühl gab, gehalten zu werden, mich entspannen zu
können. Und dazu ein leuchtendes Nicken.

Ich höre jetzt auf, mich für diese schwulstigen Formulierun-
gen zu rechtfertigen. Ich war in Gott und wusste: Er hatte mich
hierhin geführt. Also war es nun auch an mir, konsequent wei-
terzugehen. Dementsprechend las ich alles, antwortete, erfüllte
die Interview-Anfragen, wenn ich konnte – und nahm sogar eine
Einladung zu einer öffentlichen Bibellesung an. Ich sollte Verse
aus der Bibel, die mir persönlich wichtig waren, vortragen und
danach mit den Gästen darüber diskutieren. Wieder eine dieser
Aktivitäten, die ich getrost als »total nicht mein Ding« bezeichnen kann.

»Wer hat dir denn da mit 'nem Knüppel vor den Kopp gehau-
en?« war übrigens die harscheste Einlassung aus dem Kollegen-
umfeld. Und die kam von einem Kollegen, dem ich fast nichts
übel nehmen würde und bei dem ich wusste, wie es gemeint war
(nämlich genau so, wie er es gefragt hatte ...).

Als ich mich einige Tage danach mit einer privaten Clique
traf, merkte ich, dass sich meine Freunde schon vorab intensiv
über mein »Christen-Outing« unterhalten hatten und sich sorg-
sam an das Thema herantasteten. Aber auch hier gab es kein lan-
ges Unbehagen oder Unverständnis, sondern maximal Überra-

schung. Vieles lief unter dem Motto: »Ich teile deinen Glauben nicht und hätte dich nie so krass eingeschätzt – aber wenn du dazu stehst: super! Übrigens: Der Text war schon arg lang. Wäre das nicht auch ein bisschen kürzer möglich gewesen?«

Mit meiner Schwester führte ich zum ersten Mal in meinem Leben daraufhin ein Gespräch über den Glauben. Mein Vater war sehr berührt, sorgte sich zunächst jedoch ein wenig um unsere Sicherheit – nach ein paar Minuten Gespräch aber dann nicht mehr ganz so sehr.

Ich habe hier schon oft von Befreiung geschrieben. Dieser Schritt in die (private, berufliche und auch unbekannte) Öffentlichkeit gehörte ganz sicher dazu.

Gleichzeitig erfuhr ich dadurch, wie viele Menschen es gibt, die es wirklich sehr ernst meinen mit ihrem Glauben. So schrieb mich zum Beispiel Thomas Enns an. Mir sagte der Name auf Anhieb nichts, obwohl er sogar schon Protagonist einer großen BILD-Geschichte gewesen war. Das war 2007. Er war 24 Jahre alt und unter den letzten zehn Kandidaten von »Deutschland sucht den Superstar«. Damals hatte er in einem Interview erzählt, dass er noch nie Sex hatte, weil er damit bis zur Hochzeit warten wolle. Er war Vollblut-Christ. Das hat sich bis heute nicht geändert.

Er und seine Frau Florence, Star-Search-Gewinnerin von 2004, hatten inzwischen die christliche Band »Koenige & Priester« gegründet und veranstalteten riesige Jugend-Gottesdienste – wie im Kölner E-Werk – mit bis zu 2000 Besuchern. Ein DSDS-Finalist, eine Star-Search-Siegerin – und statt Dschungelcamp oder Ballermann musikalische Gottesdienste. Lebenswege gibt's …

Die schiere Masse an bestens vernetzten Christen überraschte mich. Hervorragend verdrahtet in Foren oder Gruppen auf Facebook und Co. Zwar hatte ich in einer formal organisierten

Gemeinde im »echten Leben« noch kein geistliches Zuhause gefunden. Dafür stöberte ich plötzlich durch digitale Gemeinden und fand ganz neue Kontakte, die mich inspirierten und mit denen ich Fragen diskutieren konnte.

Ein Christ bei BILD?

Es gab viele Fragen. Nicht nur von mir. Auch an mich. Die gingen mitunter ans Eingemachte. Ein Punkt war für mehrere Leser offenbar von ganz besonderer Bedeutung und wurde mal höflich-interessiert nachgefragt, mal als milder Vorwurf formuliert und manchmal im Ton von »Ey, geht's noch?«. Die Frage, die viele Menschen umtrieb, war: »Wie kann es sein, dass du von dir selbst behauptest, als Christ zu leben – und gleichzeitig arbeitest du bei BILD?«

Das verstörte mich zunächst etwas, denn ich hatte ehrlich bis dato nie einen Zwiespalt darin gesehen oder gefühlt. Die kürzestmögliche Antwort wäre daher gewesen: Warum sollte mir das schwer fallen? Da ich mir aber nun zum Vorsatz gemacht hatte, Diskussionen über Gott und die Glaubenspraxis im Alltag nicht länger auszuweichen, sondern sie offensiv zu suchen, war es mir ein Anliegen, die Fragenden weder zu ignorieren noch zu vertrösten oder ihnen nur einen Satz entgegenzuschleudern, der sie vermutlich nicht unbedingt zufrieden gestellt hätte.

Eine Berliner Bloggerin, die die christliche Website gekreuzsiegt.de betreibt, bot mir an, dass ich ihren Blog als Plattform für eine Antwort nutzen könne. Das Angebot nahm ich dankend an und verfasste einen Blog-Beitrag unter der Überschrift: »Ein Christ bei BILD? Um Himmels Willen ...!«

Ich will ihn hier nicht komplett wiedergeben, da sich die ersten Absätze vornehmlich mit meinem Weg zum Glauben und anderen Details beschäftigten, die ich auf diesen Seiten bereits wesentlich ausführlicher beschrieben habe.

Über meinen Job und meinen gelebten Glauben nach meiner Umkehr formulierte ich dies:

»Eines hat sich aber nicht geändert: Ich arbeite nach wie vor gerne bei BILD. Hier stehe ich mitten im Leben, bin ständig im Kontakt mit unzähligen Menschen über so viele verschiedene Kanäle, hier kann ich täglich über die aktuellen Themen diskutieren und streiten. Genauso stelle ich mir gelebten Glauben vor. Er spielt sich nicht in elitären Hinterstuben ab – sondern vor der und für die Masse. Jesus ist nicht zuerst zu den Königen gegangen, sondern zu normalen Menschen. Der Glaube verbreitete sich von unten nach oben. Das Christentum wuchs mitten aus dem bunten Treiben der damaligen Zeit.

BILD ist das bunte Treiben von heute. Hier arbeiten Christen, Muslime, Juden, Atheisten. Viele, viele wunderbare Menschen. Jeder hier ist frei, seine Meinung einzubringen. Und kaum einer der Kritiker hat eine Vorstellung davon, wie leidenschaftlich und professionell das jeden Tag geschieht. Wie groß die Zerreißproben oft sind, wie schwierig manche Entscheidungen.

Das ist sicherlich kein Alleinstellungsmerkmal von BILD. Unabhängiger, freier Journalismus kann wehtun – auch den Machern. Hier läuft kein Kollege feixend herum, wenn er über grausame Taten berichten muss. Zynisch ist es nicht, die Wahrheit ungeschminkt aufzuschreiben. Zynisch sind die Wutbürger, die uns Voyeurismus aus Profitgier oder einfach Bösartigkeit vorwerfen. Wir zeigen nicht Leid aus Sensationslust. Wir nehmen gemeinsam mit den Lesern Anteil am Leid anderer. Wir schaffen Empathie. Das ist etwas, das den Menschen und die Gesellschaft letztendlich ausmacht. Es ist nicht unser Job, die

Wahrheit schönzureden oder zu verschleiern (ich spare mir jetzt entsprechende Bibel-Verweise, weil das für den Journalismus per se gilt).

Richtig ist auch: Wir sind keine Heiligen. Wir machen Fehler. Dafür stecken wir dann zu Recht Prügel ein. Aber ich habe oft erlebt, wie wir aus Fehlern lernen.

Natürlich bin ich nicht jeden Tag zu 100 Prozent mit jeder Entscheidung einverstanden. So geht es vermutlich Millionen anderen Angestellten auch. Natürlich diskutieren wir und streiten. Selbstverständlich gibt es ›BILD-Themen‹, über die man je nach wörtlicher Bibeltreue mehr oder weniger uneins sein kann. Vielleicht halte ich manche Dinge für nicht ganz so relevant wie andere Christen. Sehr wahrscheinlich mache ich da immer wieder Fehler. Auf meinem Weg lerne ich täglich dazu. Das rüttelt nicht an meiner Beziehung zu Jesus, es lässt sie wachsen.

Wer den Weg von Jesus Christus liest, käme doch nie auf die Idee, vor Auseinandersetzungen und damit vor Chancen davonzulaufen.

In 15 Jahren bin ich nicht einmal auf den Gedanken gekommen, mich für meinen Job meinem Glauben gegenüber rechtfertigen zu müssen. Ich kann aus tiefstem Herzen sagen: Ich mag meine Kollegen, ich mag die Atmosphäre, ich mag meinen Arbeitsplatz. Ich mag, dass es bei Axel Springer Grundsätze und Werte gibt.

Offensiv formuliert: Ich bin sogar sehr dankbar, an einem Ort zu arbeiten, an dem jeder Glaube respektiert wird, an dem ich darüber öffentlich schreiben darf, an dem viel Gutes geschieht – an dem ich auch Dinge verändern kann.

Warum arbeite ich also als Christ bei BILD? Weil ich es gern und mit gutem Gewissen tue. Weil ich glaube, dass Gott mich genau hier haben will ...«

»Macht die Nackten weg!«

Ich kann nicht behaupten, dass mir danach die Herzen zuge-
flogen wären und alle nach diesem Buchstaben-Medley in meine begeisterte BILD-Hymne eingestimmt hätten. Wirklich nicht.
Die Kommentare auf Mandys Blog waren größtenteils freundlich, wenn auch durchaus kritisch. Als ich später weitergoogelte,
fand ich mein Statement oder Verweise darauf auch in anderen
Foren – und hier wurde ich recht häufig im besten Fall durch den
Kakao, im schlechtesten durch den Dreck gezogen.

Es war gar nicht so leicht, die verschiedenen Ebenen der Kritik herauszufiltern. Mal richteten sich die Buh-Rufe gegen BILD,
mal gegen den Glauben, mal unmittelbar gegen meine Worte.
Mich interessierten besonders die Stimmen von gottesgläubigen
Menschen, denen es tatsächlich um meine Haltung im Glauben
ging. Sowohl die zustimmenden als auch die ablehnenden.

Hier schwante mir plötzlich, wie kompliziert es werden
kann, wenn unterschiedliche Menschen aus ehrlichstem Herzen
heraus versuchen, nach Gottes Wort zu leben. Wenn sie ihren
Glauben in aller Konsequenz im alltäglichen Handeln bewahren
wollen und sich anstrengen, in der Bibel dafür Anweisungen zu
finden und danach zu handeln. Die Heilige Schrift ist in vielen
Punkten sehr eindeutig. Doch egal, wie wortgetreu ich sie nehme: Sie ist so vielfältig und schenkt so viel Freiheit, dass es immer
zu Diskussionen und unterschiedlichen Interpretationen kommen wird.

Und ich steckte zum ersten Mal mittendrin.

Ein kleiner Auszug aus den verschiedenen Standpunkten:

Ich sei genau an der richtigen Stelle, sagten einige. Paulus
wurde zitiert: »Jeder soll die Lebensumstände akzeptieren, in
denen er sich befand, als er zum Glauben gerufen wurde.« (1 Ko-

rinther 7, 20) Ich las das afrikanische Sprichwort: »Wo Gott dich hingesät hat, da sollst du blühen.«

Paulus schreibt aber auch, wir sollten »einander nicht provozieren« (Galater 5, 26). Allein deshalb sei es schwierig, bei einem so polarisierenden Medium wie BILD zu arbeiten. Ebenfalls eine Christen-Meinung.

Dann gab es diejenigen, die es als Segen und Geschenk ansahen, in meinem Job täglich Kontakt zu so vielen Menschen haben zu können. Es sei doch eine der obersten Aufgaben, dorthin zu gehen und dort zu sprechen, wo man etwas bewegen könne. Der sehr öffentliche Lebensweg Jesu wurde in diesem Fall zur Unterfütterung herangezogen.

Wieder eine andere Ansicht war, dass es mitnichten darum gehe, einen Auftrag möglichst weitreichend zu erfüllen, sondern allein darum, mit sich selbst im Reinen zu sein. Und wenn dies bei mir der Fall sei, dann sei doch alles in Ordnung.

Einspruch von anderen! Es sei eine klare Sünde, Fotos von leichtbekleideten Menschen zu zeigen. Das führe in Versuchung und zu Unmoral. Klare NoGos in der Bibel: »Lasst euch unter keinen Umständen zu sexueller Unmoral verleiten!« 1 Korinther 6, 18 – ein Beispiel von vielen.

Intensiv ist mir da das Telefonat mit einer älteren Dame in Erinnerung geblieben. Sie hatte mir einen handschriftlichen Brief geschickt und wollte mit mir über BILD reden, bezugnehmend auf meine Texte zum Christ-Sein.

Also rief ich sie an. Nachdem sie mir kurz den Kopf gewaschen hatte, dass mein Rückruf reichlich spät kam, setzte ich mutig an: »Sie wollten mit mir über BILD und das Christentum sprechen?« »MACHT DIE NACKTEN WEG!!« »Wie, bitte?« »IHR SOLLT DIE NACKTEN WEGMACHEN!!« »Aber wir ....« »ICH WILL KEINE NACKTEN BRÜSTE MEHR BEI EUCH

SEHEN!!« Ich bin mir nicht mehr sicher, ob sie noch Verteufelungen oder biblische Hinweise nannte, die ihre Forderung unterstützten. Ich kam gar nicht mehr dazu, weiter nachzufragen. Jeden Ansatz einer Formulierung, eines Nachhakens oder gar eines forschen *Aber*-Einwandes überrollte sie mit der klaren, zeternden »WEG MIT DEN NACKTEN!!«-Forderung.

Es fiel mir schwer, mich weiter um ein Gespräch zu bemühen. Mein anfänglicher Ärger war schierer Verblüffung gewichen. Aber ich wollte es wirklich wissen! »Liebe Dame, wenn Sie zu mir als Christ sprechen: Was genau ist denn der Vorwurf, den Sie ...« »SEIEN SIE VORSICHTIG – ODER SIE HABEN EINE LESERIN WENIGER! ENTWEDER SIND MORGEN DIE NACKTEN WEG – ODER ICH KAUFE SIE NIE MEHR WIEDER.« Klick. Telefonat beendet.

Ich habe die Frau am Telefon nicht innerlich ausgelacht oder über ihre halsstarrige Art gekichert. Sie war mit ganzer Seele empört. Vermutlich hätte sie es den Heiligen Zorn genannt. Sie meinte es absolut ehrlich und hätte mir gewiss viele Bibelpassagen nennen können, um mir zu zeigen, dass sie mit ihrer Meinung ganz nah bei Jesus Christus war.

In den beschriebenen Kommentaren und auch in späteren Gesprächen zum selben Thema ging es nicht darum, ob die Bibel nur ein gut gemeintes Nachschlagewerk war. Nein. Ich sprach mit Christen, die in ihr – wie ich – das Wort Gottes sahen. Doch jetzt hatte ich eine Ahnung davon bekommen, wie bunt es werden kann, wenn der Glaube das eigene Leben tief durchdringt. Wenn es nicht mehr so leicht ist wie: »Du sollst nicht töten.«

Engagierten, routinierten Experten-Christen werden solche Diskussionen, ja sogar die harten Streitgespräche untereinander völlig selbstverständlich erscheinen. Warum sonst gäbe es so viele Strömungen, so viele Bewegungen? Ganz zu schweigen von der Trennung der zwei großen Konfessionen? Mir war das neu. Ich hatte die Debatten zwischen Protestanten und Katholiken bis dato eher als schrullige Folklore abgetan. Ich hatte sie als Zänkereien eingestuft, die eher aus der Historie und Missverständnissen erwachsen waren.

Irgendwie war ich davon ausgegangen, dass in wichtigen Fragen stets totale Einigkeit und Harmonie unter den Christen herrschte. Mich selbst hatte ich als Neuling, als neugierigen Christen-Padawan, gesehen, der von den Glaubens-Jedimeistern um ihn herum alle Antworten bekommen würde. Ich hatte die irrige Annahme: Es gibt Menschen, die noch nicht umgekehrt sind – und dann gibt es die Bekehrten. Und die in der zweiten Gruppe wüssten schon Bescheid, je länger sie dabei waren, umso besser. Ich hatte Unrecht. Verschiedene Meinungen, Unsicherheiten, Diskussionen begegneten mir immer häufiger auf meinem Weg als Christ.

Dieses Hineinwachsen in Konflikte brachte auch eine große Unsicherheit mit sich. Fast immer stand an ihrem Anfang die Frage: Wie verhalte ich mich richtig als guter Christ?

Es wurde wirklich heikel. Hatte ich vorher gedacht, man könne den richtigen Glauben »erlernen«, so dämmerte mir allmählich, dass es nichts zu lernen gab als das Vertrauen auf Gott. Die Bibel war bei dieser Mission Ratgeber, Impulsgeber, Begleiter. Sie war für mich alles, was uns vom Vater, dem Sohn und dem Heiligen Geist in gedruckter Form überliefert ist. Sie war in meinem Glauben Gottes Wort, die Heilige Schrift. Aber allein aus der Bibel heraus zu leben, genügte nicht.

An diesen tückischen Meilenstein wird wohl jeder Christ auf seinem Weg irgendwann stoßen. Je tiefer ich in der Bibel las, je konsequenter ich versuchte, das Gelesene in meinen Alltag zu übertragen – desto häufiger geriet ich in diese Wirren, die sich nicht mehr in einem einzelnen Vers beantworten ließen. Schwarz auf Weiß fand ich dann einfach keine eindeutige Lösung mehr für meine Sorgen und Fragen. Auch andere Christen konnten mir nicht immer weiterhelfen. Selbst wenn sie für sich eine Klarheit gefunden, von Gott eine Antwort erhalten hatten, so bedeutete das längst nicht, dass es auch die Antwort war, bei der ich Ruhe und Gewissheit vor Gott spürte.

Um noch einmal die Nackten zu bemühen: Ebenso aufrichtig wie die Empörung der Dame am Telefon war meine Gewissheit, vor Gott im Reinen zu sein mit meinem Job. Noch nie hatte ich es als Aufgabe solcher Bilder begriffen, »Menschen zur Unmoral zu verleiten«. Abgesehen davon, dass Fotos von leicht bekleideten Frauen nur eine minimale Rolle in meinem recht breiten Spektrum an Aufgaben spielten, hatte ich sie stets als eine von unzähligen Farben in der kunterbunten Gesamt-Collage BILD gesehen. *Warum zeigt ihr solche Fotos? Weil sie schön sind.*

Aber das Wichtigste war: Mir hatte Gott zu verstehen gegeben, dass ich richtig bei BILD war. Hier hatte er mich hin gesät. Hier sollte ich blühen. Hier konnte ich Christ sein.

Ein ganz besonderer Gottesdienst

Besonders krass erlebte ich diesen Zwiespalt »Verschiedene Christen, verschiedene Ansichten« bei einem sonntäglichen Gottesdienst, zu dem mich Ramsy mitgenommen hatte.

Er und ich hatten zwar viel Kontakt via Mail oder Facebook-Chat – doch getroffen hatten wir uns bis dahin erst zwei Mal. Unser Hauptthema war immer ICH gewesen – oder, wohlwollender formuliert: Meine Suche nach und mein Weg zu Gott.

Meine Fragen, meine Gedanken, meine Neugierde auf Jesus. Daher wusste ich sehr wenig über Ramsys Schritte zum Glauben und auch nicht, in welchem Umfeld, in welcher Gemeinde er sich mit seinen Glaubensbrüdern zum Gebet traf. Also lud er mich ein.

Ramsy gehörte zu einer Brüdergemeinde. Das musste ich erst googeln, da ich davon noch nie gehört hatte. Und dann bekam ich ein wenig Angst.

Die Brüdergemeinden, so las ich, werden auch Versammlungen genannt. Plötzlich kam eine Erinnerung aus Kindertagen zurück: Früher hatte es ein Haus in unserem Nachbarort gegeben, vor dem sonntagvormittags oft Leute herumstanden, die auffällig schlicht gekleidet waren. Die Frauen trugen fast alle Röcke, viele hatten ihr Haar zu einem strengen Dutt geknäuelt. Meine Mutter hatte immer im Vorbeifahren gemurmelt: »Das sind die von der Versammlung.« Der Tonfall ließ es nicht nach einem Kompliment klingen.

In Online-Foren fanden sich viele kritische Fragen zu Brüdergemeinden: Wer sind die? Was genau unterscheidet die? Warum schotten die sich so ab? Über einige besorgte Posts, die mein Stirnrunzeln heftiger werden ließen, stolperte ich ebenfalls bei meiner oberflächlichen Recherche. So empörten sich einige User über die Radikalität dieser Gruppen, über die christliche Strenge, die harten Regeln und die wortgetreue Umsetzung der Bibel.

Im Kern erfuhr ich, dass die Brüdergemeinden es mit Matthäus 18,20 hielten: »Wo zwei oder drei in meinem Namen versammelt sind, da bin ich in ihrer Mitte.« Sie wollten sich nicht wie die großen Kirchen durchstrukturieren mit Pastoren- und vielen weiteren Ämtern. Denn in ihrem Verständnis fehlte für eine solche menschen-gemachte »Organisation« die biblische Grundlage. Auch die Bildung einer durchorganisierten Gruppe führe automatisch dazu, dass man eben eine eigenständige Gruppierung sei, was einen wiederum von anderen Gläubigen abgrenze und abschotte. Ebenfalls etwas, das in der Bibel kein Fundament finde.

Eine Brüdergemeinde, so las ich in diversen Foren, Fach-Seiten und Wikipedia, sei also quasi das Gegenteil eines Vereins mit seinen eigenen Dünkeleien und Vetternwirtschaften. Es seien Gläubige, die sich an das Wort der Bibel hielten, sich im Namen Gottes versammelten und so ihren Gottesdienst feierten (und die sich im Laufe der Zeit in diverse Untergruppen aufgespalten hatten, so dass es DIE EINE Brüdergemeinde gar nicht gebe).

Dadurch, dass sie sehr bibeltreu lebten – berichtete mir das Internet –, wirkten sie manchmal wie aus der Zeit gefallen, sehr konservativ und wenig modern. Es gab auch Berichte von Christen, die in solchen Versammlungen aufgewachsen waren und die sich später eingeengt und bedrängt gefühlt hatten. Dies alles findet sich online. Und es ist kaum überraschend, dass es mich zwar irritierte, ich aber selbstverständlich herausfinden wollte, wie es dort nun wirklich zuging. Zumal sowohl Ramsy als auch Marie so prägend auf meinem bisherigen Weg gewesen waren und sich beide in dieser Art der Gemeinschaft offenbar sehr wohl und gut aufgehoben fühlten.

Also fuhr ich an einem Sonntagmorgen um kurz vor elf Uhr von unserem neuen Zuhause in Berlin-Niederschönhausen nach Charlottenburg in das unscheinbare Gemeindehaus, nahe der Jungfernheide.

Der Gottesdienst hatte noch nicht begonnen und viele Menschen standen noch vor dem Haus, schauten auf ihre Smartphones oder unterhielten sich. Frauen, Männer, Kinder. Prompt kam ein älterer Herr lächelnd auf mich zu, schüttelte mir die Hand und sagte: »Guten Morgen! Sind Sie auch Christ?« Okay, das hier würde etwas anders werden als meine bisherigen Gottesdienst-Erfahrungen. Immerhin brachte ich ein nicht allzu perplexes »Ja. Auch Ihnen einen guten Morgen!« zustande.

Ich hatte mich mit Marie, die zufällig auch in der Stadt war, und mit Ramsy verabredet. Es war ein fröhliches, warmherziges Wiedersehen nach einer recht langen Zeit, in der wir nur digital kommuniziert hatten. Sie stellten mich einigen Leuten vor, dann betraten wir das Gemeindehaus. Im Vorraum konnte ich mich mit einem Gesangbuch (»Geistliche Lieder«) ausrüsten, die Bibel hatte ich digital auf dem Handy parat. In dem großen, hellen Saal standen über hundert Stühle. Der größte Block der Stühle stand so, wie man es erwartet: in Reihen, Blick nach vorn. Im vorderen Bereich stand ein langer Tisch mit den breiten Seiten in Richtung der Seitenwände. Von diesem Tisch gingen weitere Stuhlreihen längs ab. Am Ende guckten also alle auf diesen Tisch vorne in der Mitte.

Die Aufteilung war deshalb bemerkenswert, weil damit tatsächlich eine Sitzordnung festgelegt war. Die Männer saßen in den vorderen Längs-Reihen, Blick auf die breite Tischseite. Die Frauen in den hinteren Reihen, Blick auf die schmale Tischseite. Am Tisch selbst nahmen mehrere Herren Platz. Keiner schien hier der Chef zu sein oder trug irgendein Zeichen, das ihn als Redner oder Pastor auswies. Das musste ich erst einmal alles verarbeiten. Erst nach einer Weile fiel mir auf, dass alle Frauen eine Kopfbedeckung trugen. Die meisten hatten sich ein Tuch über den Kopf gelegt. Auch Marie. Ich fühlte mich unsicher. Aber durch zahlreiches Kopfnicken und Händeschütteln auch willkommen.

Was mich interessanterweise zunächst am meisten beeindruckte: Hier konnten alle singen! Ich meine: wirklich alle! Ich kannte keines der Lieder. Aber sie klangen wunderschön, weil sie aus über einhundert Kehlen voller Leidenschaft vorgetragen wurden. Kein müder Singsang, wie ich ihn aus vielen anderen Kirchen kannte. Auch den klassischen Ablauf der vertrauten katholischen oder evangelischen Messen gab es nicht. Es gab Lieder, Momente der Stille und des Gebets – und dann wieder erhob sich einer der Männer, meist einer von denen am mittleren Tisch, nahm sich ein Mikrofon und betete, erzählte von Gott, nahm sich eine Bibelstelle vor und berichtete, was sie ihm sagte. Einige Male stand, sobald der eine Redner geendet hatte, der nächste auf und knüpfte nahtlos an das gerade Besprochene an oder ergänzte einen neuen Gedanken.

Da so oft von Langeweile in unseren Gottesdiensten die Rede ist: Langweilig war das nicht. Es war nicht überheblich oder von oben herab. Vielmehr so, als spräche einer aus der Mitte, dem gerade danach war (dem Gott es gerade eingegeben hatte), über Gedanken, die ihm gerade gekommen waren (von Gott eingegeben worden waren). Viele dieser Impulse konnte ich gut auf meine Situation anwenden. Es war eine Stunde meines Lebens, die mir gut getan hatte. Und doch hatte sie auch einige Fragen aufgeworfen. Dafür mussten – na, klar – Ramsy und Marie herhalten.

Es war ganz offensichtlich, dass hier nur Männer zu Wort kamen. Warum? Sie erklärten es mir mit der Bibel, mit dem 1. Korintherbrief 14, 33-35: »Wie in allen Gemeinden derer, die zu Gottes heiligem Volk gehören, sollen sich auch bei euch die Frauen während der Zusammenkünfte still verhalten.« (...) »Denn es ist nicht ehrenhaft für eine Frau, bei einer Zusammenkunft der Gemeinde das Wort zu führen.« Uff! Okay, gelesen hatte ich den Vers sicher schon diverse Male. Aber ich hatte ihn gedankenlos beiseite geschoben unter die Rubrik: »Hat für mich keine Relevanz.« Doch plötzlich wurde er wichtig, hier und jetzt.

Das forderte natürlich meinen sofortigen Widerspruch. Wissend, dass ich in einer spontanen biblischen Diskussion unterlegen sein würde, sagte ich nur irgendetwas wie »Das gefällt mir nicht«, notierte aber in meinem Hinterkopf, diesem Punkt später weiter nachzuforschen, und hakte zunächst nur beim Offensichtlicheren ein: »Aber warum sitzen die Frauen getrennt von den Männern?« Da fiel mir kein Vers der Bibel ein, der das verlangte. Maries Antwort überraschte mich: »Das weiß ich auch nicht genau. Ich dachte mal, weil das beim Singen schöner klingt.« Diese Antwort kam deshalb so unerwartet für mich, weil diese Sitz-Trennung doch gerade bei ihr als Frau automatisch Protest hätte hervorrufen müssen. Tat es aber nicht.

Und schon war ich an einem dieser Punkte angelangt, an dem es nicht mehr genügte, die Bibel zu zitieren. An dem mein gelebter Glaube sich von dem anderer Christen unterschied. Ich hatte so viel gelesen von Respekt und Liebe. Da passte diese Zwei-Klassengesellschaft für Männer und Frauen nicht in das Konzept. Aber: War es mein Konzept? Oder war es Gottes Konzept? Machten diese Christen es eigentlich richtig nach Gottes Willen? Oder machten sie es falsch? Oder ich? Oder …

Ich war ganz erpicht darauf, andere mit diesen Fragen zu löchern. Einem evangelischen Pfarrer präsentierte ich später meinen Schlamassel: »So, die Bibel sagt, eine Frau solle im Gottesdienst den Mund halten und ihren Kopf bedecken. Außerdem sagt sie mehrfach, Frauen sollten ihrem Mann dienen und in der Hackordnung stünden sie klar unter den Herren der Schöpfung. Sollte ich also so als guter Christ leben? Soll ich jetzt zu meiner Frau gehen und ihr klarmachen, dass Gleichberechtigung und all diese Dinge gut und schön sind – aber ein bisschen Unterwürfigkeit unserer Ehe ganz gut täte und Gott gefallen würde?«

Der Pastor sah das ganz gelassen: »Natürlich musst du den historischen Kontext sehen. Damals waren die Frauen in ihrer Stellung weit unter den Männern. Paulus schreibt auch von Respekt und Liebe, mit denen sich Mann und Frau gleichermaßen begegnen sollen. Dieses ›Fast-Gleichstellen‹ war damals schon spektakulär. Geschichtlich gesehen wird durch die Bibel also die Rolle der Frau massiv verbessert und nicht erniedrigt.«

Diese Argumentation testete ich später bei meiner Sophie. Nein, ich hatte es nicht gewagt, so eine – für mich vielleicht ganz angenehme – Hierarchie zu unserem Prinzip des Zusammenlebens vorzuschlagen. Ich hatte ihr lediglich von meinem Unverständnis und der Erklärung des Geistlichen berichtet, weil sie immer in der Lage war, mir mit einem klugen Impuls zu helfen, wenn ich mich mal wieder in eine gedankliche Sackgasse gesteuert hatte. Und genauso fühlte es sich gerade an …

Sophie schüttelte den Kopf und sagte zwar mit Milde, aber Bestimmtheit: »Nein, das reicht nicht! Wenn schon, denn schon! Dann hätten Paulus und Petrus das Ganze auch gleich komplett zurechtrücken und Frauen und Männer auf eine Stufe stellen können.« Ich stimmte ihr zu. Es war ja nicht so, als hätten sich Jesus oder die Apostel in anderen Bereichen mit revolutionären Ansätzen zurückgehalten. Das historische Auseinanderfriemeln behagte mir ohnehin nicht. Da fehlte das innere Nicken.

Ein sehr bibeltreuer und –fester Christ näherte sich dem Thema so an: »Daniel, hier geht es nicht um oben und unten. Um Chef und Untergebene. Stell es dir mehr so vor wie bei einem Tanz. Der Mann führt die Frau. Aber das ist kein Führen durch strenge Anweisung. Er erteilt keine Verbote. Der Mann ist nicht die Hauptattraktion und die Frau nur schmückendes Beiwerk. Sie sind ein Paar. Erst gemeinsam verbinden sie sich zu einer Harmonie. Keiner könnte allein funktionieren. Sie müssen sich respektieren, sich aufeinander einlassen, zusammen tanzen. Aber ja, der Mann führt.«

Diese Metapher sprach mich schon eher an. Aber es war dennoch eine sehr blumige Umschreibung für das, was im Epheser-Brief (5, 22) steht: »Frauen, ordnet euch euren Männern unter!«

»Mooooment!«, erwiderte mir auf dieses Bibel-Zitat ein älterer Herr, evangelisch, wenn ich mich recht erinnere – und hauptberuflich für die Kirche im Einsatz. »Lies dir mal den Galaterbrief, Kapitel 3, ab Vers 26 durch. Dann kannst du dich wieder entspannen!« Dort schreibt Paulus: »Ihr alle seid also Söhne und Töchter Gottes, weil ihr an Jesus Christus glaubt und mit ihm verbunden seid. Denn ihr alle, die ihr auf Christus getauft worden seid, habt ein neues Gewand angelegt – Christus selbst. Hier gibt es keinen Unterschied mehr zwischen Juden und Griechen, zwischen Sklaven und freien Menschen, ZWISCHEN MANN UND FRAU. Denn durch eure Verbindung mit Jesus Christus seid ihr alle zusammen *ein* neuer Mensch geworden.« »Siehst du! Kein Unterschied zwischen Mann und Frau. EIN Mensch!«

Unterschiedliche Christen, unterschiedliche Antworten! Ja, Christsein im Alltag war plötzlich gar nicht mehr so einfach ... Da sich diese Fragen allesamt um die Lesart der Bibel drehten und ich keinesfalls die Heilige Schrift kaputt interpretieren oder mich über sie erheben wollte, machte mir dieses Thema echt zu schaffen. *»Ich weiß es besser. Am Ende sind es nur Buchstaben, und ich mache damit, was mir gefällt«* – damit hätte ich die Bibel praktisch entwertet und zu einem unverbindlichen Tipp-Geber gemacht. Deshalb ging ich auf Suche in der Bibel selbst.

Männer über Frauen – oder ...?

Früher hatte es mich ziemlich verwundert, wenn Christen erzählten, wie sie jeden Tag in der Schrift lasen. Ich dachte mir: *Ok, das sind ganz schön viele Seiten. Aber irgendwann hat man sie* ja auch durchgeschmökert. Und dann? Meinetwegen liest man sie noch ein zweites Mal und dann ein paar Jahre später wieder. Aber jeden Tag, Jahr um Jahr? Das war mir doch ziemlich erschöpfend und fruchtlos erschienen.

Als ich dann selbst damit angefangen hatte, machte ich eine andere Erfahrung. Die Bibel wurde nie langweilig, wenn man sich nur die Mühe machte, sich ihr fragend zu nähern. Gott sprach oft zu mir durch die Bibel, gab mir Antworten mit Textpassagen, die ich mehr zufällig an diesem einen Tag las, als ich mir und ihm eine entsprechende Frage gestellt hatte. Das klappte nicht immer. Aber verlässlich dann, wenn es wichtig war. Und meist war es keine Antwort, die meinen Intellekt forderte, so, als müsse ich sie mir erst zurecht biegen und interpretieren, damit ich sie für meine Situation übersetzen und darauf anwenden konnte. Es waren oft Antworten mitten in mein Herz. Antworten, die mich aus der Seite heraus ansprangen und sich an meinem Inneren festklammerten. *Ha! Das sagt Gott mir in genau diesem Moment!* So wurde die Bibellektüre von einer interessanten Fortbildungsreise (»Aha, jetzt weiß ich auch mal, wo dieses Sprichwort herkommt«) zu einer aufregenden Lese-Schatzsuche.

Ich bat also Gott um die Erkenntnis, was dieses Thema der biblischen Frauenrolle nun konkret für mich zu bedeuten hatte. In der U-Bahn auf dem Weg in die Redaktion las ich zwischen Haltestelle Pankow und Spittelmarkt jeden Morgen online eine Morgenandacht. Dort widmete man sich diesmal Matthäus 22, 37 – 39: »›Du sollst den Herrn, deinen Gott, lieben von ganzem Herzen, mit ganzer Hingabe und mit deinem ganzen Verstand.‹ Dies ist das größte und wichtigste Gebot. Ein zweites ist ebenso wichtig: ›Liebe deine Mitmenschen wie dich selbst!‹ Mit diesen beiden Geboten ist alles gesagt, was das Gesetz und die Propheten fordern.«

Es ist Jesus, der da spricht. Und ich fühlte, wie mir die Last der Unsicherheit und des Haderns von den Schultern glitt. Die Erinnerung an diese Emotionen ist mir so wichtig, weil es wirklich den Unterschied machte, ob ich einfach nur etwas las und mir passend interpretierte – oder aufrichtig daran glaubte, hier eine befreiende Antwort persönlich für mich gefunden zu haben. *Liebe deine Mitmenschen wie dich selbst!* Klar, dieser Satz war mir nicht neu. Aber ich war mit der Frage vor Gott getreten, wie ich ganz persönlich diese mich verwirrenden Paulus-Verse zur Hierarchie zwischen Mann und Frau verstehen sollte. Das war für mich seine Antwort. Wenn ich meine Mitmenschen liebe wie mich selbst, dann kann ich den einen nicht über den anderen stellen und schon gar nicht herrschend auf jemanden herabblicken. Dem einen verbieten, was mir erlaubt ist. *Liebe deine Mitmenschen wie dich selbst!* Das brauchte ich mir nicht passend zu denken. Es war ein klares Gebot an mich, von Jesus selbst als eines der zwei wichtigsten eingestuft.

Neben diesen U-Bahn-Fahrt-Handy-Andachten las ich jeden Abend in der Bibel. Ganz chronologisch von vorne nach hinten. Dabei landete ich nicht zum ersten Mal im ersten Korintherbrief, Kapitel 12. Dort beschreibt Paulus die verschiedenen Aufgaben der Christen und wählt das Bild eines Körpers. Jedes Glied, jedes Organ hat seine Aufgabe. Er schreibt: »Denkt zum Vergleich an den menschlichen Körper! Er stellt eine Einheit dar, die aus vielen Teilen besteht; oder andersherum betrachtet: Er setzt sich aus vielen Teilen zusammen, die alle miteinander ein zusammenhängendes Ganzes bilden. Denn wir alle – ob Juden oder Nichtjuden, Sklaven oder Freie – sind mit demselben Geist getauft worden und haben von derselben Quelle, dem Geist Gottes, zu trinken bekommen, und dadurch sind wir alle zu *einem* Leib geworden. Und wie jeder Körper besteht dieser Leib aus vielen

Teilen, nicht nur aus einem. Wenn der Fuß behaupten würde: ›Weil ich nicht die Hand bin, gehöre ich nicht zum Körper!‹, würde er trotzdem nicht aufhören, ein Teil des Körpers zu sein!«

Diese Episode war mir vertraut und gut im Gedächtnis, vermutlich auch, weil mir das Bild des schmollenden Fußes ganz gut gefallen hatte. Im größeren Kontext ging es in diesem Kapitel um die verschiedenen Aufgaben der Christen. Doch diesmal hatte ich die Worte aus einer anderen Perspektive gelesen. Aus der des Fragenden, der nicht verstand, warum Christen, die doch so geeint im Glauben sind, so unterschiedlich auf Gottes Worte reagieren konnten, wie ich es bei dem Frauen-Thema erlebt hatte.

Und wieder erfuhr ich die innerliche, behagliche Ruhe, als ich diese Verse las. Wir sind alle eins, ein Körper. Aber wir haben unterschiedliche Aufgaben, unterschiedliche Funktionen. Jesus hat uns mit unterschiedlichen Gaben gesegnet, wir haben ganz unterschiedliche Schwerpunkte. Der eine ist Mahner, der andere Versöhner, der eine ist mehr Prediger, der andere mehr Wohltäter, der eine ist so, der andere so.

Dem einen legt Gott dieses ins Herz, dem anderen jenes. Für mich war wichtig, dass ich im aufrichtigen Glauben und Vertrauen auf den Herrn mich so verhielt, wie er es von mir persönlich wollte, wie er es in seinem Wort zu mir sprach. Ich wollte seinen Willen tun, in Gott bleiben. Dass er anderen Christen andere Erkenntnisse gab, störte mich nicht länger. Natürlich führte das zu Diskussionen. Aber plötzlich war das in meinen Augen kein Problem oder Makel des Christentums. Es war Teil der geschenkten Freiheit durch Jesus Christus. Ich hatte mich nur vor ihm zu rechtfertigen – auch wenn ich mit meinen Glaubensgeschwistern untrennbar verbunden war.

Also war es auch nicht an mir, mich darüber zu empören, wenn in einer Gemeinde Frauen nicht predigten oder eine Kopfbedeckung trugen. Für mich mochte sich das komisch anfühlen. Wer war ich, dass ich meine antrainierten Zeitgeist-Impulse höher einstufte als eine in sich ruhende Versammlung gläubiger Christen?

Es war ja sowieso skurril: Ich – als Mann – hatte das irritierend gefunden. Marie – als Frau – völlig unproblematisch. Selbst die getrennte Sitzordnung, für die wir auf die Schnelle keine Bibelstelle gefunden hatten, hatte sie nicht zu Widerspruch aufgefordert.

Sie erläuterte mir das damals ungefähr folgendermaßen: In einer Gemeinde gehe es nicht darum, dass jeder mit jedem Detail glücklich sei und dass alle absolut auf einer Wellenlänge lägen. Viel mehr ginge es darum, dass sie alle Christen seien, die sich hier zum Gebet versammelt hätten. Und dass sich niemand so unwohl oder in seinem Glauben eingeschränkt fühlen solle, dass er dadurch verletzt oder in die Irre geleitet werde. Auch dafür findet sich die passende Bibelstelle. Paulus schreibt an die Römer (14, ab Vers 13): »Hören wir darum auf, einander zu verurteilen! Statt den Bruder oder die Schwester zu richten, prüft euer eigenes Verhalten und achtet darauf, alles zu vermeiden, was ihnen ein Hindernis in den Weg legen und sie zu Fall bringen könnte.«

Danach schreibt er über das Essen. Dass es eigentlich nichts gebe, was falsch sein könnte. Es gab also keine Essensregeln, wie man sie aus anderen Religionen kennt (»Vor Gott ist alles rein.«) Er fügt aber am Ende hinzu: »Deshalb ist es gut, du isst kein Fleisch und trinkst keinen Wein und vermeidest auch sonst alles, woran dein Bruder oder deine Schwester Anstoß nehmen könnte.«

Was das nun mit der Sitzordnung zu tun hat? Ich denke, dies war auch Maries Ansatz: Sie konnte in diesem Moment gar nicht genau erklären, warum Frauen und Männer getrennt saßen. Es gab vielleicht gar keine strikte Regel oder gar ein Verbot. Sie hat es einfach hingenommen, weil es sie nicht weiter störte oder in eine Glaubenskrise beförderte hätte, weil ihre Versammlung von Glaubensbrüdern und -schwestern in dieser Form friedlich zusammenkam – und weil sie fand, dass es sich schöner anhörte beim Gesang. In Chören stehen ja schließlich auch Männer und Frauen in der Regel getrennt. Das Wichtigste aber war die harmonische Zusammenkunft. Also sah sie offenbar keinen Anlass, etwas, das anderen Christen gut und richtig erschien, infrage zu stellen. Ich hatte es infrage gestellt, hatte meine Antworten von Gott bekommen – und hatte ebenso meinen Frieden mit dem Thema machen können wie Marie schon lange vor mir.

Kann denn Schwulsein Sünde sein?

Es gab noch ein weiteres Thema, bei dem jeder moderne Mensch, der sich von Jesus angesprochen fühlt, verstehen kann, dass es mir große Schwierigkeiten bereitete: die Homosexualität.

Ich habe nix gegen Schwule, aber ... Nein! Nur ein Scherz. Ich habe nichts gegen Schwule. Punkt. Umso erschütterter war ich, als ich in der Bibel vereinzelt über diese Thematik stolperte. Eine berühmte Bibelstelle dazu ist: »Aus diesem Grund hat Gott sie entehrenden Leidenschaften preisgegeben. Die Frauen vertauschten den natürlichen Geschlechtsverkehr mit dem widernatürlichen, und genauso machten es die Männer. Statt mit Frauen zu verkehren, wie es der natürlichen Ordnung entspricht, wurden sie von wildem Verlangen zueinander gepackt; Männer ließen sich in schamlosem Treiben mit anderen Männern ein«, schreibt Paulus an die Römer (1, 26 – 27).

Was habe ich mir Gedanken darum gemacht! Inzwischen könnte ich diverse Verse aufzählen, die diese unmissverständliche Ablehnung gegenüber homosexuellen Handlungen relativieren. Ich habe erneut Gespräche mit Geistlichen geführt, um es besser zu verstehen. Ein Pastor erklärte mir zum Beispiel, dass es auch Übersetzungen gebe, in denen das »schamlose Treiben mit anderen Männern« mit »anderen Knaben« beschrieben werde und sich damit gegen die damaligen Gepflogenheiten gerichtet habe, dass sich Männer in heftigen Orgien unfreiwillige Lustknaben hielten.

Ein anderer legte mir dar, dass ich mich damit gar nicht beschäftigen müsse, weil in der Bibel klipp und klar stehe, dass es nicht an mir sei, andere zu verurteilen. In einem Online-Podcast hörte ich mir eine Predigt an, in der ich erfuhr, dass Schwulsein an sich keine Sünde sei, da eine Sünde immer eine Tat sein müsse. Insofern würde es erst zur Sünde, wenn Schwulsein ausgelebt werden würde. Also dann, wenn Männer miteinander Sex hätten.

Ja, dieses Thema trieb mich wirklich um, weil Jesus, wie ich ihn kennengelernt hatte, allein die Liebe zum obersten Gebot gemacht hatte und ich mir nicht vorstellen konnte, dass er aufrichtige Liebe zwischen zwei Menschen verurteilen würde, egal welchen Geschlechts.

Auf meinen Streifzügen durch Foren und Experten-Abhandlungen verirrte ich mich in heftigste Auseinandersetzungen unter Christen, ich fand gläubige Schwule und las von krachenden Konfrontationen innerhalb der Kirchen. Ulrich Parzany, dessen Buch mir so hilfreich auf dem Weg zur Umkehr gewesen war, hatte sich zu diesem Thema so positioniert, dass es keine biblische Aussage gebe, nach der Homosexualität von Gott gewollt sei. In einem Streitgespräch widersetzte sich der christliche, homosexuelle Grünen-Politiker Volker Beck mit vielen Argumenten allen ablehnenden Thesen. Unter anderem war für ihn der

Römerbrief eine Metapher für »*die Verkehrtheit der Welt*« und richtete sich an Heterosexuelle, die »*in Verkehrung ihrer Identität homosexuellen Praktiken*« nachgingen.

Auf dem Höhepunkt meiner Recherchen bestellte ich mir sogar ein christliches Dossier »Homosexualität«.

Da Sophie auch meine Post öffnete, wenn ich nicht da war, führte dies zu einer leicht verdutzten Nachfrage. Nachdem ich aber überzeugend dargelegt hatte, dass ich weiterhin ganz heterosexuell in sie verliebt war, war sie wieder entspannter. Allerdings vergaß ich darüber, mich sofort an die Lektüre zu machen. Ich habe dieses Dossier bis heute nicht gelesen.

Vermutlich werde ich auch nicht mehr darin schmökern, denn in mir kribbelte diese inzwischen wohlbekannte Unruhe, die mich unangenehm durchkitzelte und mir sagte: Du rennst in die falsche Richtung! Und das tat ich tatsächlich. Ich war dabei, mir ein Thema passend zu recherchieren. Offensichtlich wollte ich solange lesen und forschen, bis ich endlich fundierte Stücke fand, die sagten: *Schwulsein ist super und von Gott gewollt.* Und ja, es ist gewiss möglich, auch das aus der Bibel herauszulesen. Wenn es nicht von Gott gewollt wäre, warum hätte er dann homosexuelle Menschen geschaffen? Aber das war nicht die erfüllende Antwort, die mich in dem Wissen umarmte, dass mich endlich Gottes ganz persönliches Wort erreicht hätte.

Diesen Moment erlebte ich, als ich zufällig ein Zitat von Frère Roger, dem Gründer der Bruderschaft von Taize, las. »Lebe, was du vom Evangelium verstanden hast. Und wenn es noch so wenig ist. Aber lebe es.« Darüber hatte ich ja nun noch nie nachgedacht. Doch diese Worte rührten mich an. Es war das, was ich als LEBENDIGE ANTWORT auf mein Fragen empfand. Sätze, die ich nicht einfach meiner Argumentationskette im Kopf anfügen konnte, um mich selbst zu überreden, etwas kapiert zu haben.

Sondern die mich in der Sekunde, als ich sie las, in Hochstimmung versetzten, für Klarheit sorgten. Für eine so fröhliche Klarheit, dass ich gern kurz ein »Dankeschön, Gott!« murmelte.

Für mich war die Botschaft: Du musst nicht alles verstehen, solange du es ernst meinst mit dem, was du verstehst. Unverständnis ist keine Sünde. Und davon habe ich bis heute reichlich: Ich kapiere die Stellen über Homosexualität in der Bibel nicht. Muss ich vielleicht auch nicht. Ich habe genug verstanden und gelesen und von Gott erfahren, dass ich weiß, dass Jesus Christus der Erlöser ist, dass er meine Hoffnung ist und dass ich dafür lebe, in seinem Wort zu bleiben und das Richtige nach seinem Willen zu tun.

Es gibt so wundervolle, eindeutige Aussagen in der Bibel über die Liebe zu allen Menschen, dass ich mich stets bestens gewappnet fühlte. Ich wusste, dass es nicht meine Aufgabe war, andere zu verurteilen. Ich wusste, dass ich in meinem Herzen keinerlei Sympathie-Bonus oder –Malus gegenüber Schwulen hatte. Ich mochte Homosexuelle genauso gern wie alle anderen. *Das genügt doch fürs Erste, oder?!* Das war das, was mir Gott zuflüsterte. Ich hatte die Bibelstelle nicht verstanden. Ich konnte nicht schlau mitreden bei solchen Diskussionen, zumindest nicht in der Überzeugung, mehr zu wissen als andere. Aber das ließ mich nicht unsicherer oder wackeliger in meinem Glauben werden. Vielmehr war es schön zu fühlen, wie frei wir sind und wie persönlich eine Beziehung zu Gott sein kann.

Erlösung, Gnade, Freiheit

Vielleicht kommt es ein wenig kleinkariert daher, dass ich so ausführlich von meinem Klärungsbedarf in diesen zwei Punkten – Bibel über Frauen und Homosexuelle – erzähle. Schließlich waren dies nur meine – sehr individuellen – biblischen Stolper-steine, die Gott mir aus dem Weg geräumt hatte. Sicherlich haben andere Christen andere herausfordernde Passagen.

Warum es mir dennoch am Herzen liegt, zu berichten von diesen anfänglichen Unsicherheiten und den Antworten, die Gott mir gab: Im Austausch mit vielen Freunden hatte ich gemerkt, wie schnell die missverstandene Bibel zu einem Stopper auf dem Weg zum Glauben werden konnte. Kaum hatte man eine Stelle in der Schrift gefunden, die einem absurd, historisch falsch oder alles andere als gerecht oder gar logisch vorkam, schon urteilte man gern pauschal: *Das kann nicht von Gott kommen! Also ist die Bibel nicht sein Wort. Also kann ich sie nicht als meine Richtschnur nehmen.* Zweifel an oder Ablehnung gegenüber der Heiligen Schrift führten schnell zu Zweifeln am gesamten Christentum.

Auch ich hatte früher so meine Probleme mit dem Alten Testament und den vielen Regeln, die kaum einzuhalten gewesen wären, selbst wenn ich mich redlich bemüht hätte. Das war einer der Gründe, warum ich so viele Jahre nie wirklich auf Entdeckungsreise durch die Bibel gestartet war. Da biss sich die Katze aber in den Schwanz: Ich las nichts von Gott, weil ich davon ausging, dass es mich verschrecken würde. Weil ich aber nichts von Gott las, konnte ich gar nicht herausfinden, welche Botschaft sich wirklich in diesen wundervollen Seiten verbarg.

Ich bin noch heute dankbar für den Rat, den ich bekommen hatte und der den Einstieg wirklich sanfter machte: *Fang mit dem Neuen Testament an. Danach wirst du automatisch neugierig auf das Alte sein.* Ich erinnere mich an die Freude, die ich spürte, als ich dann zum ersten Mal diese Seiten komplett von vorne nach hinten durchgelesen und wirklich erkannt hatte (fühlend im Herzen, hinhörend im Gebet), welch gute, frohe Botschaft darin steckte.

Damals kam mir ein pfiffiger Gedanke: Wir alle kennen (zumindest in ganz groben Zügen) die zehn Gebote. Aber warum ist so wenig über die vielen, vielen Mut machenden Hinweise aus dem Neuen Testament bekannt? Wäre es nicht hilfreich – auch für andere suchende Christen –, komprimiert alle Anweisungen von Jesus, Paulus und Co. und alle Aufforderungen im Neuen Testament generell als Gebote übersichtlich präsentiert zu bekommen? Würden dann nicht viel mehr Menschen sehen, welche große Nachricht der Liebe in der Bibel steckt? Würde es nicht auch mir dann leichter fallen, im Wort von Jesus Christus zu leben, wenn ich es stets aufgelistet in der Tasche hätte?

Ein Kollege hatte mich mal als »Häkchen-Journalist« bezeichnet, weil ich seit jeher einen Hang dazu hatte, mir To-Do-Notizen anzulegen und sie dann pedantisch abzuarbeiten, abzuhaken. Diesem Drang ging ich auch diesmal nach und fing eine sehr, sehr lange Liste an.

Schritt 1: Ich markierte mir jeden Imperativ im Neuen Testament. Von Matthäus bis zur Offenbarung. Jeder Satz, der mit einem Ausrufungszeichen endete, bekam von mir eine Unterstreichung. Schritt 2: Ich wiederholte Schritt 1. Um sicherzustellen, dass mir so wenig wie möglich durchgeflutscht war. Natürlich hatte ich dennoch keinen Anspruch auf wissenschaftliche Akribie, aber ich wollte doch mein Möglichstes getan haben. Schritt 3: Ich übertrug alle diese Aufforderungen in ein großes Text-Dokument und begann, die einzelnen Sätze nach Dopplungen oder Sinnverwandtschaften zu durchkämmen, um sie zusammenfassen zu können.

Meine Liste sollte ja irgendwie überschaubar bleiben. Sie sollte meine Gesetzestafel »Die XXX Gebote des Herrn Jesus Christus« werden.

Das kleine Werk, das damals entstand, war natürlich problematisch. Ich konnte ja weder felsenfest behaupten, dass ich wirklich jeden Imperativ aufgenommen hatte (auch, wenn ich mich redlich bemüht hatte). Noch konnte ich mir sicher sein, dass ich bei meinen Sinnzusammenfassungen jedes Mal ins Schwarze traf. Mal erschien mir die Passage des Evangeliums klar und ich rührte sie nicht weiter an, mal schrumpfte ich sie auf die Kernaussage, die ich darin fand. Vielleicht hatte ich aber gerade eine Übersetzungsquelle gewählt, die ohnehin schon just an dieser Stelle sehr frei in der Wiedergabe der Worte war – und die ich nun durch mein erneutes Umformulieren komplett ihres heiligen Geistes beraubte.

Aber ich gab mein Bestes, denn nach dem, was mein Inneres mir sagte, konnte es einen tiefen, ehrlichen Glauben an Jesus Christus kaum geben, ohne in seinem Wort zu sein, es zu kennen und es anzuwenden. Die Bibel gehörte nun mal ebenso wie das Gebet zu meinen Möglichkeiten, von Gott zu lernen und Hilfe und direkten Beistand von ihm zu bekommen. Sie predigte mir den Gewaltverzicht, die Nächstenliebe, die Barmherzigkeit. Sie macht uns allen Hoffnung auf Vergebung und auf Erlösung nach dem Tod. Wie schade, dass viele nur noch Bruchstücke wie »Auge um Auge, Zahn um Zahn« kennen und aus diesem Sehschlitz heraus diesem Buch wenig, keine oder ablehnende Bedeutung beimessen. Mir war die Schrift leuchtend und freundlich begegnet. Auch in der Summe ihrer Aufforderungen und Mahnungen.

Deshalb möchte ich meine ambitionierte Liste teilen, obwohl sie ein unerwartetes Ende fand ...

Die Gebote aus dem Neuen Testament

Die zwei wichtigsten Gebote sind: Liebe den Herrn von ganzem Herzen, mit ganzer Hingabe, mit deinem ganzen Verstand und mit aller deiner Kraft. Und: Liebe deine Mitmenschen wie dich selbst. Tu das – und du wirst leben!

Liebt einander! Liebt einander, wie Jesus euch geliebt hat. An der Liebe zueinander werden alle erkennen, dass ihr Jünger Jesu seid.

Gehorche Gott mehr als den Menschen.

Glaube an Jesus, dann wirst du von aller Schuld freigesprochen! Durch Jesus gibt es die Vergebung der Sünden. Wozu das Gesetz des Mose nie imstande war, das hat Jesus möglich gemacht. Das ist die Botschaft, die Gott verkünden lässt.

Und so weiter ...

Ja, ich schrieb weiter und weiter. Seite um Seite. Über 100 Gebote, die ich so aus dem Neuen Testament übernahm. Die ausführliche Auflistung finden Sie im Anhang – komplett und abgeschlossen ist aber auch diese XL-Variante nicht. Denn während ich munter vor mich hintippte, spielte sich in meinem Inneren etwas Merkwürdiges ab.

Kopf: »*Hey, das macht Spaß! Weiter so! Immer weiter! Dann hast du die ganze Frohe Botschaft in Regeln zusammengefasst! Eine feine Liste. Die kannst du noch kräftig zusammendampfen und verdichten – und am Ende hast du deinen 1-A-Ratgeber ›Leben nach dem Willen Jesu‹! Klasse! Vielleicht kannst du ein Buch daraus machen ...*«

Innere Stimme: »*Wenn du die Bibel, besonders das Evangelium, als ein Regelwerk begreifst, dann hast du nichts verstanden. Hör auf damit!*« *Und wie ein Echo:* »*Warum machst du dir nicht selbst klar, was vor Gott richtig ist? Du bist frei!*«

Tja.

Und das war es dann mit der Liste der Jesus-Gebote ...

Ich hatte sie in der ehrlichen Absicht begonnen, dass sie mir Entscheidungen erleichtern würde. Gleichzeitig war es mir eine Herzensangelegenheit, die Ratschläge zu bündeln und mich dadurch selbst und vielleicht auch andere immer wieder davon zu überzeugen, dass das Neue Testament wirklich eine Gute, vermutlich die Beste Nachricht für uns Menschen ist. Gespickt mit wunderbaren Botschaften, die – wenn nur konsequent und, ja, auch blauäugig umgesetzt – zu Frieden und Glück führen. So viele Vorurteile, die auch ich früher gegenüber der Bibel gehegt hatte, wurden in den Evangelien und den Briefen widerlegt. Dies zu komprimieren musste doch irgendwie richtig sein. *Oder?*

War es offenbar nicht. Je mehr Dos-and-Don'ts ich auflistete, desto stärker spürte ich in mir den Widerstand dagegen, weiterzuschreiben. Ich betete um Verständnis: War es nicht tiptop, dass ich ein für alle Mal Klarheit schaffen wollte, wie ich als guter Christ zu leben hatte? Ich bekam meine Antwort, doch die klatschte mir wie eine Ohrfeige ins Gesicht: »Hör auf damit!« *Wie, bitte? Das ist also keine grandiose Leistung?* Richtig!

Das Zusammentragen und Auflisten fiel mir von Tag zu Tag schwerer. Ich merkte, dass dies nicht im Einklang mit Gott war. Mein Herz jubelte nicht über die neue, gute Aufgabe, meine Seele sträubte sich. Ein ratlos fragendes Gebet: *Okay, Herr, du willst also wirklich, dass ich diese Fleißarbeit zur Seite lege?* Ein JA als lebendige Antwort. Nicht geflüstert oder wie eine ferne Stimme. Mehr wie eine Erleichterung, ein bestimmtes Nicken mit hundertprozentiger Sicherheit. Gott rief: »Stopp!« *Uff! Ernsthaft?* Nun hatte ich doch schon so viel Zeit in mein kleines christliches Projekt investiert. *Also warum?*

Und plötzlich purzelten die Antworten auf mich ein.

Ich hatte sie vorher schon gelesen, ja, sogar in den Imperativen mit aufgenommen und beschrieben – aber erst jetzt bekamen sie für mich eine Bedeutung, die mich fundamental weiterbrachte auf meinem Weg:

Du wirst geliebt!

Du bist frei!

Die Bibel ist kein Regelwerk – sondern eine Botschaft der Gottesliebe!

Du bist erlöst. Du bist gerechtfertigt vor Gott dank Jesus.

Du brauchst keine neuen Regeln für dein altes Leben.

Dein altes Leben ist vorbei.

Bleib in deinem neuen Leben.

Bleib in dieser Liebe! Bleib in dieser Freiheit!

Ich hatte ja längst begeistert verstanden, dass Jesus Christus für unsere Sünden gestorben war. Das machte ihn aber nicht nur zu einem selbstlosen Super-Helden à la Erlöser-Man. ERLÖSUNG hatte plötzlich eine gigantische, sehr praktische Bedeutung für mich:

Jesus hatte das Urteil über unsere Sünden und Ungerechtigkeiten auf sich genommen. Fast noch wichtiger aber und der Grund, ihn wirklich gerne und nicht aus Pflichtgefühl heraus zu lieben: Er hat uns damit befreit. Oder, wie Paulus es an die Römer schrieb (7,4): Indem er für uns starb, »wurde an seinem Leib das Urteil vollzogen, das sich aufgrund des Gesetzes« gegen uns gerichtet hatte. Und wir waren damit frei – für Jesus. Wieder Paulus (Römer 6, 14): »Denn ihr lebt nicht unter dem Gesetz; euer Leben steht vielmehr unter der Gnade.«

Gnade, Erlösung, Freiheit – mein Herz umfasste mit einem Mal das volle Ausmaß der Bedeutung dieser Worte. Diese Liebe zum Vater, zum Sohn und zum Heiligen Geist war nichts mehr, was ich mir selbst beibringen musste. Sie war da. Tief im Herzen. Und ich merkte, dass ich aus befreitem Herzen heraus seinem Weg folgen wollte. Es war mein freier Wille, meine feste Absicht, Jesus glücklich zu machen – und daraus folgte alles andere. Nicht: *Tu alles, was in der Bibel steht, um zu Jesus zu finden.* Sondern: *Glaube an Jesus, dann wirst du ihn lieben. Wenn du ihn wirklich liebst, wirst du ihm folgen. Wenn du ihm folgst, dann bleibst du in seinem Wort.*

Dieser Impuls war für mich revolutionär. Kein Gebot wurde dadurch falsch oder verwässert. Aber es waren keine Gebote im klassischen Sinne mehr. Es war das niedergeschrieben, was ich mit aller Leidenschaft tun wollte, nicht tun musste. Aus dem Glauben und der Liebe zu Jesus Christus.

Warum sollte ich mir also ein neues Gesetz schreiben? Es war mir von Gott selbst längst ins Herz geschrieben worden. (Plötzlich fiel mir ein, dass ich davon irgendwo in der Bibel gelesen hatte, und dann fand ich die Formulierung wieder im Hebräerbrief 8, Vers 10: »Ich werde – sagt der Herr – meine Gesetze in ihr Innerstes legen und werde sie in ihre Herzen schreiben.«) Allein der Glaube an Jesus, die Liebe zu Gott und seine Gnade waren das, was die Erlösung brachte. Jesus selbst sagt: »Warum macht ihr euch nicht selbst klar, was vor Gott richtig ist?« (Lukas 12, 57)

Diese Freiheit hatte mir anfangs wohl ein wenig Angst eingejagt, weil ich mich nach Leitplanken und Führung im Glauben gesehnt hatte. Glaube und Liebe sind im Kopf kaum zu meistern, das muss im Herzen geschehen. Doch als ich die Gnade mit dem Herzen umschlossen und angenommen hatte, schenkte mir diese Einsicht die Kraft, ganz auf den Glauben und die Liebe zu vertrauen. Und auch die Gelassenheit, meine so gut gemeinte Liste unvollendet beiseite zu legen.

Ich empfand diese Einsicht übrigens nicht als eine Einladung zur willkürlichen Freiheit, das zu tun, was immer mir richtig erschien. *Wird schon stimmen. Steht ja irgendwo auf meinem Herzen tätowiert ...* Dazu war ich mir meiner eigenen Unvollkommenheit viel zu bewusst. Ich las fortan eher noch mehr in der Bibel als zuvor, aber ich sezierte sie eben nicht mehr nach Anordnungen und Gesetzesparagraphen. Ich kannte nun die von

Jesus geschenkte Freiheit – aber ebenso gut wusste ich um meine eigenen Grenzen, und ich war gierig nach Gottes Wort, um meinen Weg in seiner Freiheit gehen zu können.

Als ich Marie von diesem gewaltigen Aha-Erlebnis erzählte, war ich zunächst ein wenig besorgt, dass Gott ihr etwas ganz anderes preisgegeben haben könnte. Doch sie wies mich auf einen wunderschönen Bibelvers hin, der es bis dahin nicht in meine bewusste Wahrnehmung geschafft hatte, obwohl er all das, was ich in vielen Absätzen zu sagen versucht habe, in wenigen Worten zusammenfasst. Er findet sich im Kolosserbrief 3, 15: »Der Frieden, der von Christus kommt, regiere euer Herz und alles, was ihr tut!« Genauso hatte ich Gottes lebendige Antworten stets erlebt. Als Friede im Herzen. Nicht als geschriebene Regel.

Eine neue Realität

Diese Erkenntnis war viel weitreichender, als sie mir zunächst schien. Sie war ein Knackpunkt! Eine Erleuchtung! Sie handelte nicht allein davon, ob ich nun meine Liste wegschmiss oder fortführte. Sie handelte von meinem neuen Leben in einer neuen Realität um mich herum.

Wirklich mit Herzblut und Leidenschaft hatte ich mich bislang nämlich nur einer Seite der Umkehr gewidmet: meiner inneren.

Ich hatte die biblischen Worte gelesen und viele Impulse verstanden und auf mein Leben übertragen. Dadurch war Jesus immer wichtiger für mich geworden, immer präsenter, immer erlebbarer. Ich hatte dank seiner Worte und dank vieler Gebete zu ihm gefunden, hatte viel Altes abgestreift und Neues angelegt. So war ich ihm näher gekommen, hatte Gott kennengelernt und war begeistert von der Zuneigung, ja, Gottesliebe, die sich daraus entwickelt hatte.

So ziemlich alles, was ich »von außen« aus der Bibel angenommen hatte, hatte ich sofort auf mein Inneres gemünzt. Ich hatte in erster Linie die Regeln der Bibel registriert, die mein Leben ordneten und die mir sagten, was gut war und was schlecht. Ich war so sehr damit beschäftigt gewesen, mich über meine gravierenden persönlichen Veränderungen zu freuen und atemlos zu verfolgen, was mit mir geschah, dass mein Blick viel zu sehr auf mich – nach innen – gerichtet war, anstatt um mich herum zu blicken und zu bemerken, dass ich durch die Umkehr zu Gott nicht nur innerlich neu geboren war, sondern auch in einer neuen Welt, in einer neuen Realität begrüßt worden war.

Meine Zuneigung zu Jesus Christus war inzwischen ins Unermessliche gestiegen. Ganz persönlich von mir zu ihm. Ich hatte verstanden, dass ich verloren gewesen war und nur der Glaube an ihn mich retten konnte, und war froh, zu diesem Glauben gefunden zu haben. Wäre dies nur ein kleiner Trick aus der Psycho-Therapie gewesen, der zu mehr Lebens-Gelassenheit hätte führen sollen: Er hätte bei mir wunderbar funktioniert. Nichts, was ich bislang für mich persönlich erfahren und gelernt hatte, war falsch gewesen. Aber das war ja nicht das eigentlich Unglaubliche am Glauben. Das eigentliche Wunder war, dass sich alles um mich herum verändert hatte.

Kurz ein Blick zurück auf die Wahnsinns-Achterbahn, die immer mal wieder in meinen merkwürdigen Träumen plötzlich in unserer Wohnung gestanden hatte und von der ich bereits erzählt hatte: Das Spektakuläre an dieser Monster-Attraktion war ja nicht, dass ich mich nun freuen konnte wie ein kleines Kind und wieder und wieder Gratis-Runden drehen durfte. Auch nicht, dass sich mein Wohnungswert über Nacht vervielfacht hatte und ich schnell Profit daraus hätte schlagen können. Oder dass ich nun immer wusste, was ich an einem regnerischen Wochenende hätte tun können. Das Wunder war: DA STAND – *kneif mich mal jemand!* – EINE RIESENGROSSE ACHTERBAHN IN MEINER WOHNUNG. Sie wäre zwar mit Sicherheit imstande gewesen, meinen Alltag ziemlich durcheinander zu wirbeln. Aber das war nur *ein* Aspekt. Der eigentliche Knaller war: Sie war plötzlich da.

Ja, die Umkehr zu Jesus Christus hatte mich persönlich komplett umgekrempelt. Aber die eigentliche Sensation war: Es gab eine neue Realität um mich herum. Gott war plötzlich da. Er war real geworden und mit ihm seine Geschenke. Jesus hatte uns die Erlösung gebracht – ganz real.

Erst vor kurzem besuchte ich in Kreuzberg den Gottesdienst des »Berlin Projekts«, einer freikirchlichen Gemeinde, die sich zur Aufgabe gemacht hat, »Kirche für die Stadt« zu sein. Der Prediger sprach über die Zuversicht der Christen. Zunächst ging es ihm um die Frage: Glaubt man, dass der Lauf der Welt einen desaströsen Ausgang nehmen würde? Oder einen guten? Dann nahm er sich eine ganze Reihe von Bibelstellen vor, die alle auf ein gigantisches Happy End hindeuteten: die Herrlichkeit.

Sein roter Faden in dieser Predigt (der aufgrund der Wortwahl gleich durchschimmern lässt, dass das »Berlin Projekt« sehr alltagstauglich ausgerichtet ist): Von Mist zur Herrlichkeit!

Immer wieder spannte er während seiner Predigt diesen Bogen: Wie wir Christen, von Sünde kommend, uns nun auf dem Weg in Richtung Herrlichkeit befanden. Dank der Erlösung durch Jesus. Irgendwo auf dieser langen Strecke (»Von Mist zur Herrlichkeit!«) seien wir unterwegs in der Zuversicht, dass alles mit jedem Schritt noch besser wird, dass das grandiose Ende vor uns liegt: »Das Beste kommt erst noch!«

Ja, das war meine neue Realität! Ich hatte eine Welt betreten, in der zum Beispiel der Tod keine Macht mehr hatte. In der die Gläubigen vor Gott durch die Auferstehung Jesu gerechtfertigt worden waren. In der eine neue Zeit begonnen hatte – der Liebe, der Hoffnung, der Zuversicht.

Oft hatte ich nach meiner Bekehrung verwundert bemerkt, dass ich selbst den Tod nicht mehr fürchtete. Als eine Nonne bei einer Benefiz-Gala über ihr jahrzehntelanges Engagement für Arme in Südamerika ins Mikro sagte: »Ich war immer geleitet von dem Gedanken, mein Leben für Freunde herzugeben«, suchte ich diese Stelle eilig aus der Bibel heraus und fand sie bei Johannes 15, Vers 13: »Niemand liebt seine Freunde mehr als der, der sein Leben für sie hergibt.« Für mich bedeutete dieses »sein Leben hergeben« nicht nur, ihnen das eigene Lebenswerk zu widmen – es hieß für mich tatsächlich (zumal der Satz von Jesus gesprochen worden war), bereit zu sein, für sie zu sterben. Und dazu fühlte ich mich bereit. Ich stimmte der Nonne zu.

Diesen Optimismus auf ein Happy End hatte ich allein Gott zu verdanken. Aber nicht nur, weil er mir innere Gelassenheit geschenkt hatte. Sondern ganz simpel, weil er die Realitäten geändert hatte: Plötzlich gab es nach dem Tod das Himmelreich. Seit dem Moment meiner Umkehr lebte ich in einer neuen Wahrheit. Endlich hatte ich die Augen aufgemacht und mich umgesehen. Ich konnte nicht aufhören, mich darüber zu freuen.

Nächstenliebe

Genug der persönlichen Theorie! Mal wieder Zeit für Praxis! Die nächste Fahrstunde »Unterwegs in Sachen Glauben« stand vor der Tür. Und ich nahm mit Freuden daran teil. Mit der

Freude, etwas für Gott tun zu können! Kein Zwang. Ein Dürfen! (Es macht ja grundsätzlich mehr Spaß, samstagmorgens bei einem Umzug Kisten zu tragen, wenn man es für einen Freund tut, der darüber glücklich ist, als zu wissen, dass man nur die eigenen Päckchen für sich selbst schleppen muss. Ähnlich erlebte ich es in diesen Monaten auch mit den Taten vor Gott.)

Der Flüchtlingsstrom nach Deutschland war so sehr angeschwollen, dass er nun das alles beherrschende Thema war. In meiner kleinen, gottes-fürchtigen Welt war dies ein klarer Auftrag auch an mich, den Ärmeren zu helfen. Es erschien mir nur logisch, ich erfuhr die Bestätigung dafür im Gebet – und hätte nie gedacht, wie diskussionsbeladen das werden könnte.

Zunächst schrieb ich alle Flüchtlingsunterkünfte in meiner Umgebung an (in Berlin waren das schon damals nicht wenige) und fragte nach, welche Art von Hilfe, welche Spenden benötigt würden. Dies war in den ersten Wochen der großen Flüchtlingskrise, als das Wort »Notunterkunft« nicht total gebräuchlich war und man den Begriff »Asylantenheim« eher parat hatte. Mir wurde der Unterschied auch erst durch diese E-Mails klar. Ich lernte, dass die meisten klassischen Flüchtlingsunterkünfte gut organisiert, aber voll waren. Und dass es die eilig eingerichteten Heime waren, in denen die echte Not herrschte. In den Turnhallen und bis dahin ungenutzten Schulen, in denen jetzt nahezu unkontrolliert Menschen untergebracht wurden.

Ich erfuhr von dem totalen Chaos vor dem Berliner Landesamt für Gesundheit und Soziales (LaGeSo), der Erst-Anlaufstelle, wo Flüchtlinge stunden-, tage-, nachher wochenlang im Freien oder in Zelten ausharrten, um endlich einen offiziellen Termin zu bekommen. Und ich verstand, dass hier gar nichts so typisch deutsch und bürokratisch organisiert war. Keiner konnte mir sagen: Fahr deine Schuhe in Straße x und deine Kinderklamotten zu Heim y, weil keiner wusste, was genau wo gebraucht wurde. Der Bedarf war überall riesig. Nur Spielzeug gab es genug, weil das jeder zuerst spendete. Leider half ein Bärchenpuzzle nicht gegen kalte Füße.

In einer Minute postete ein ehrenamtlicher Helfer auf Facebook, dass in einer Notunterkunft dringend ein Regal benötigt werde, 30 Minuten später erfuhren wir am Telefon, dass wir bitte bloß keine Regale vorbeibringen mögen, weil sich bereits fünf Spender gemeldet hätten und sie jetzt schon nicht sicher seien, ob sie die Möbel alle noch unterkriegen würden. So viele Menschen wollten in diesen Tagen helfen, so wenig Struktur und Übersicht gab es.

Eine unserer Nachbarinnen fuhr fast täglich zum LaGeSo und brachte Bekleidung, Lebensmittel, Windeln vorbei. So konnten wir zum ersten Mal etwas weitergeben. Nicht nur die Dinge, die bei uns über waren. Sophie ging auch los und kaufte massenweise all das, was man sich wohl bei der Ankunft in einem neuen Land dringend wünscht, was aber kaum einer gebraucht abzugeben hat: Zahnbürsten, Zahnpasta, Einweg-Rasierer, Creme, Deos. Alles fand seinen Weg ins LaGeSo.

Eine Unterkunft meldete sich bei mir und bat um Unterstützung bei der Beschaffung von Schulheften, Stiften, Linealen, Malblöcken. Wieder so etwas, das man in der Regel nicht irgendwo zufällig im Keller rumliegen hat. Elsa und Fritz begleiteten mich beim Einkauf und Elsa fragte mit ihren vier Jahren immer wieder neugierig nach, wer denn diese »armen Kinder« seien, für die wir hier all die tollen Sachen kauften. Also packte ich sie und Fritz ein auf der Tour in das Heim, damit sie selbst sehen konnten, wie die Kinder dort lebten.

Es wurde eine wunderbare, kindliche Erfahrung. Wir fuhren auf den Hof der Unterkunft. Das Gebäude – ein schmuckloser

Riesenbau, vielleicht eine ehemalige Behörde, Baujahr irgendwann in den 80ern – stand etwas zurückgesetzt an einer sechsspurigen Hauptstraße. Über 600 Flüchtlinge, größtenteils aus Syrien und Afghanistan, waren hier zwischengeparkt worden. Als wir ausstiegen, waren wir sofort umringt von einem Dutzend oder mehr Kindern. Dazu zwei Sicherheitsmänner, die mir beim Ausladen halfen und die für die Kleinen weniger spannenden Dinge (Schulhefte und Co) in großen Tüten direkt ins Lager bugsierten.

Die Kinder aber hatten längst Lunte gerochen, dass hier noch mehr zu holen war. Da hatten sie Recht. Natürlich hatten wir auch einige Kuscheltiere und Mini-Gummibärchen-Tüten eingepackt. Diese überreichte ich ebenfalls den Security-Herren, die ihre Arme hochrecken mussten, um nicht sofort alles von der niedrigen dichten Kinder-Traube um sie herum aus den Händen gerissen zu bekommen. Sie versuchten, sich langsam auf ein freies Hofstück zu bewegen, um von dort etwas kontrollierter und fairer die Süßigkeiten verteilen zu können. Um sie herum ein wuselnder Pulk aus dunklen Haaren. *Nein. Halt. Nicht nur dunkle Haare.* Zwei der kleinen Köpfe, die da bedrohlich die Gummibärchen-Bewahrer eingekreist hatten, waren hellblond. Moment ... Das waren Fritz und Elsa! Sie schrien mit den anderen Kindern begeistert mit und forderten lachend und schimpfend die sofortige Herausgabe der Süßigkeiten. Sie schubsten mit, drängelten mit und reckten ebenso ihre kleinen Hände in die Luft wie all die anderen Kinder.

Einen Moment schämte ich mich etwas dafür, dass ausgerechnet meine Tochter und mein Sohn die mitgebrachten Spenden selbst einkassieren wollten. Doch als ich sah, wie auch die anderen Mitarbeiter ihre Freude an der Szene hatten, verliebte ich mich in dieses Bild: Da gab es keine Arm-Reich-Unterschiede. Kein »deutsches Kind« und »Flüchtlingskind«. Einfach nur

Kinder, die zusammen auf Gummibärchenjagd waren. Der Unterschied war, dass es für die Kinder mit den dunklen Haaren danach zurück in ihre Armut ging, für meine Kinder zurück in ein behütetes Heim mit großem, eigenem Kinder- und Spielzimmer.

Wir wiederholten solche Touren. Mal fuhren Elsa und ich zu Ikea, um dort mit der Unterstützung einer Hilfsorganisation Tische und Stühle zu kaufen, die wir zu einer neuen Not-Unterkunft brachten, in der es sonst keine Möglichkeit gab, sich zum Essen an einen Tisch zu setzen (eine Woche zuvor war es noch eine Turnhalle gewesen). Mal trafen wir uns mit Flüchtlingen in einer Kita zum gemeinsamen Spielen und Basteln an einem Samstag. Mal halfen wir einem Nachbarn bei einem riesigen syrisch-deutschen Buffet für Flüchtlinge in einer Grundschule. Okay, vielleicht war unsere Hilfe gerade bei diesem Essen eher überschaubar und Elsa und Fritz waren mehr damit beschäftigt, das Buffet zu plündern. Dennoch waren es großartige Erlebnisse, die uns die Menschen, die da neu zu uns gekommen waren, näher brachten – und umgekehrt.

Eine ähnliche Erfahrung, wie sie Fritz und Elsa bei der Gummibärchen-Jagd gemacht hatten, machte ich bei einem Fußballspiel mit syrischen Flüchtlingen auf dem asphaltierten Parkplatz vor einer ehemaligen Behörde. Ich war der einzige Deutsche. Sie konnten kaum englisch. Wir verstanden uns trotzdem prächtig. Wir spielten nach denselben Regeln, entschuldigten uns gestenreich für Fouls, lagen uns jubelnd in den Armen bei Toren. Und als der Lederball dann in eine Scheibe des Flüchtlingsheims flog und es Glassplitter regnete, schlurften wir alle gleichermaßen bedröppelt zur Heimleitung, um unseren Fehlschuss in verschiedenen Sprachen zu beichten.

»Der Fremdling, der sich bei euch aufhält, soll euch gelten, als wäre er bei euch geboren, und du sollst ihn lieben wie dich selbst«, steht im dritten Buch Mose (19, 34). Genauso simpel war das damals für mich: Da waren Menschen, denen es schlechter ging als mir. Ich hatte Möglichkeiten, ihnen ein wenig zu helfen, also wollte ich das tun. Mir war es doch völlig egal, warum sie geflohen waren. Ob nun mit dem Tod bedroht oder einfach perspektivlos in ihrem Heimatland. Das war alles nicht mein Bier. Ich als Christ – so hatte ich es in Gottes Wort gelernt und so empfand ich es – war doch nicht derjenige, der das zu beurteilen oder sie gar zu verurteilen hatte für ihre Beweggründe. Ich konnte mit eigenen Augen sehen, dass mein Leben angenehmer und fluffiger war als ihres, und ich wusste, dass ich etwas abgeben konnte. Also gab ich mir entsprechend Mühe.

Gute Taten, hässliche Worte

Mitnichten sollen diese Schilderungen dem Zweck dienen, mich als mildtätigen Sozial-Helden darzustellen. Ich erlebte um mich herum so viele Menschen – Christen und Nicht-Christen –, die ungleich mehr leisteten. Ein Kollege fuhr jeden Abend Menschen vom LaGeSo in private Wohnungen, damit sie dort eine Nacht bleiben und sich aufwärmen konnten. Eine andere Kollegin organisierte für große Flüchtlingsgruppen – vor allem für Familien – aufwändige Tagesausflüge, damit die Menschen ein wenig Abwechslung von ihrem tristen Alltag des Ausharrens und Abwartens bekamen. Eine gute Freundin aus Hamburg lud Flüchtlinge über das Wochenende in ihre Wohnung ein, weil sie ansonsten in einer der Zeltstädte hausten und sie bei Regen jeder Gang zur Sammeltoilette oder zu den Sammelduschen durch 100 Meter Matsch führte. Sie sehnten sich einfach danach, mal wieder sauber und trocken zu sein. Mein Chef ließ eine Flüchtlingsfamilie bei sich einziehen. Die Aufzählung ließe sich noch eine Weile fortsetzen ...

Ich kann nicht behaupten, dass ich in dieser Zeit besonders missionarisch unterwegs gewesen bin. Zumindest nicht in Worten. Abgesehen davon, dass es ohnehin üppige Sprachbarrieren gab, ging es meist um ein freundliches »Hallo!«, ein kurzes »Ich heiße Daniel! Schön, dass Sie hier sind. Wo kommen Sie her?« Viel tiefer gingen die meisten Gespräche nicht. Dennoch war dies für mich gelebter Glaube: Menschen willkommen heißen, Ärmeren helfen, ein wenig Liebe geben, wo ich konnte.

Ich empfand es als Aufruf und Chance, Menschen durch meine Taten meinen Glauben näherzubringen. Sie ebenfalls irgendwann einzuladen. Aber eben nicht mit dem Vorschlaghammer. Es fühlte sich alles gut und richtig an, so wie es lief. Langsam, rücksichtsvoll, behutsam. Nicht meine Mission stand im Vordergrund, sondern die hilfsbedürftigen Menschen. In diesem Moment unsere Nächsten.

Wenn ich durch meine Facebook-Nachrichten las, sah ich, wie viele meiner digitalen Freunde diese Möglichkeiten zur Nächstenliebe voller Energie angingen. Doch dann sprang mir dieser Post entgegen: »Das sind keine flüchtenden Menschen, sondern Horden von Invasoren.« Kurz dahinter: »Die werden hergebracht für den Jihad am deutschen Volk!«

Okay, solche Kommentare auf Facebook waren nicht gerade ungewöhnlich. Was mich verblüffte, war, dass diese Einlassung von jemandem verfasst worden war, mit dem ich auf Facebook befreundet war. Der Name sagte mir spontan nichts. Aber ganz offensichtlich hatte ich seine Freundschaftseinladung irgendwann mal angenommen. *Komisch. Wer aus meinem Freundeskreis würde so etwas schreiben ...?*

Dann fiel es mir wieder ein: Damals, nach meinem BILD-

Artikel »Warum ich mich heute als Christ outen will«, hatte ich sämtliche Freundschaftsanfragen in allen sozialen Netzen angenommen. In der Hoffnung, hier den einen oder anderen neuen christlichen Kontakt zu finden. So hatten es auch viele mir völlig Unbekannte auf meine Liste geschafft. Die meisten davon mit einem christlichen Hintergrund. Sie hatten mich ja angeschrieben, weil sie sich von meinem Text angesprochen gefühlt hatten. So war es auch mit dem »Invasoren«-Kommentator gewesen.

Ich guckte mir einige meiner neuen Facebook-Freunde also erst jetzt zum ersten Mal genauer an. Die gute Nachricht: Fast alle sahen – wie ich – in der Flüchtlingswelle eine Möglichkeit – oder sogar eine Aufforderung – , Gutes zu tun. Sie folgten dem schlichten Impuls *Da gibt es Menschen, denen es schlechter geht – also helfe ich. Das ist Gottes Wille, das ist christlicher Auftrag.* Fast alle, aber eben nicht alle.

Manche sahen in dem Flüchtlingsstrom den drohenden Beginn eines Glaubenskriegs. Die »Angst vor der Islamisierung des Abendlandes« spielte eine große Rolle. Häufig gab es Vorwürfe gegen die »Wir schaffen das«-Politik und Zweifel daran, dass alle Geflohenen wirklich aus der Not heraus ihr Land verlassen hatten. Zum Glück fand ich nichts Schlimmeres als die zitierte Warnung vor den »Horden von Invasoren«. Keine aggressiven Aufrufe zum deutschen Widerstand oder ähnlich Ekelhaftes. Trotzdem war ich erschüttert, wie der Glaube zu einer so engstirnigen Angstmacherei führen konnte. Spricht die Bibel nicht viel häufiger von Mut und Zuversicht?

Ich nahm unter die Lupe, wie sich die Kirchen in diesen aufwühlenden Zeiten verhielten. Die Untätigkeit, die ich noch in dem BILD-Artikel beklagt hatte, war vorbei. Unsere evangelische Gemeinde in der Nachbarschaft hatte ein »Café der Begegnung« eingerichtet, bei dem sich alle zwei Wochen Flüchtlinge aus den umliegenden Notunterkünften mit Christen aus dem Viertel trafen und ins Gespräch kamen. Eine andere Kirche in der Nähe hatte ihre Gemeinderäume ebenfalls für gemeinsame Abende mit Flüchtlingen geöffnet. Es waren unbürokratische Patenschaftsprogramme angelaufen, Deutsch-Kurse, zu Weihnachten gab es gemeinsame Fest-Essen.

Der Papst, der in meinem Glauben keine besondere Stellung einnahm, sagte in dieser Zeit nach einer Synode die schönen Sätze: »Die wahren Verteidiger der Lehre sind nicht diejenigen, die den Buchstaben verteidigen, sondern den Geist, nicht die Idee, sondern den Menschen, nicht die Formeln, sondern die Dankbarkeit für die Liebe Gottes und seine Vergebung. Die erste Pflicht der Kirche ist nicht die, Verurteilungen und Bannflüche auszuteilen, sondern jene, die Barmherzigkeit Gottes zu verkünden.« Das sagte er in einem völlig anderen Zusammenhang (es ging um das Familienbild und die Homosexualität) – dennoch übertrug ich sie innerlich auf die Debatte um Flüchtlinge und fand darin mein Verständnis über die Rolle der Kirche in dieser Zeit.

Sogar die Bundeskanzlerin nahm in dieser Diskussion Bezug auf den christlichen Glauben. Bei einer Podiumsdiskussion in der Schweiz entgegnete sie auf eine Frage zur Islamisierung unserer Kultur gelassen: »Wir haben doch alle Chancen, uns zu unserer Religion, sofern wir sie ausüben und an sie glauben, zu bekennen.« Um dann zu fordern: »Haben wir doch den Mut, zu sagen, dass wir Christen sind. Haben wir doch den Mut, dass wir da in den Dialog treten.«

Diese Sätze hätten nicht von der Kanzlerin kommen müssen. Sie hätten mich auch aufgerüttelt, hätte sie mir ein völlig Fremder an der Straßenecke zugerufen. *Jawoll! Lasst uns mutig sein! Lasst uns offen zu Jesus bekennen! Lasst uns das Gute und Richtige tun und nicht ängstlich mahnen und zaudern! Lasst uns alle*

Menschen lieben – ohne dabei zu vergessen, wem wir diese Liebe zu verdanken haben!

Gott stupste mich wieder und wieder an, dass diese Mission eine gute war. Und auch wenn andere nicht-gläubige Menschen sogar noch eifriger und intensiver bei der Sache waren, sicher auch völlig selbstlos und von Menschenliebe getrieben (was für mich wie der erste Schritt zum Glauben wirkte), so war ich doch in jeder Minute dankbar, dass ich wusste, für wen ich all das tat. Warum ich es tat. Für die Liebe und für den Glauben und für die Frohe Botschaft. Es war so gut zu wissen, warum man handelte. Nicht für das eigene Gewissen, sondern aus von Gott gegebener Barmherzigkeit und Nächstenliebe.

Im Galaterbrief 6, Vers 10, steht: »Solange wir also noch Gelegenheit dazu haben, wollen wir allen Menschen Gutes tun, ganz besonders denen, die wie wir durch den Glauben zur Familie Gottes gehören.« Gutes tun für ALLE Menschen. Ganz besonders für andere Christen. Kein Mensch durfte mir egal sein, jedem hatte ich meine Hilfe anzubieten. Nicht vergessen aber durfte ich, dass es gerade Christen waren, die oft besonders in den Notunterkünften zu leiden hatten, die isoliert waren oder mit Anfeindungen zu kämpfen hatten. Und schon wieder ein neuer Auftrag ...

Neue Worte in einem neuen Leben

Es haben sich neue Begriffe in meinen Sprachschatz eingenistet.

Die UMKEHR hatte ich vorher nie auf dem Zettel gehabt. Nun stand sie für mich für ein Gebet, das mehr in meinem Leben ausgelöst hat als so ziemlich jedes andere Ereignis. Die Formulierung »Neu geboren werden in Gott« wäre mir ziemlich verstrahlt vorgekommen. Als ich es dann aber selbst erlebt hatte, fiel mir keine bessere Beschreibung mehr ein.

ZU GOTT ÜBER ETWAS BETEN hatte mich zu genervtem Augenrollen verleitet, als es damals Christian in dem Trainingscamp der Hilfsorganisation humedica gesagt hatte. Inzwischen gehörte das zu meinen Standard-Gedanken: *Das verstehe ich nicht. Was könnte Gottes Wille sein? Ich werde gleich darüber beten.*

Der HEILIGE GEIST hatte für mich früher kaum eine Rolle gespielt und tauchte nur auf, wenn ich mich bekreuzigte, weil ich zufällig in einem entsprechenden Gottesdienst gelandet war: *Im Namen des Vaters, des Sohnes und des Heiligen Geistes.* Das ist heute anders. Der Heilige Geist ist die Spiritualität. Er ist hier, in mir, bei mir. Er atmet in mir. Ich bete darum, von ihm erfüllt zu sein, um ganz und gar im Glauben zu stehen. Er stellt meine Verbindung zu Gott her. Ohne ihn bin ich eine leere Hülle, die sich bemüht und Worte und Phrasen nachspricht, um gehört zu werden.

EINE VERBINDUNG ZU GOTT haben, ihn kennenlernen. Solche Sätze hätten mich vier Jahre zuvor vermutlich eher abgestoßen, weil sie damals für mich danach klangen, als hätte jemand eine magische Formel entdeckt, um mit Gott in den Dialog treten zu können. Verdächtig nah am Gläser-Rücken oder Karten-Lesen. Doch Gott will, dass wir ihn kennenlernen. Und je besser ich ihn kennenlernte, desto fester wurde die Verbindung, die Beziehung zu ihm. Allein in einer Beziehung kann ich nicht nur um Vergebung bitten, sondern diese auch annehmen. Ich kann mich anvertrauen und zuhören und wissen, dass ich nicht alleine bin.

GEBETSKREIS. Hui, das klang für mich nach ganz, ganz alter Welt. Nach piefiger Senioren-Runde. *Wenn man sich nichts mehr zu sagen hat, liest man sich eben ein bisschen aus der Bibel vor.* Inzwischen bin ich dankbar dafür, zumindest eine Runde gefunden zu haben, mit der ich mich regelmäßig zum Gebet und zum christlichen Gespräch treffe. Denn wie schon beschrieben: Immer wieder sind wir zu Taten gefordert, immer wieder gibt uns Gott Hinweise – aber wir sind nur Menschen mit Fragen und Zweifeln und Unsicherheiten. Es ist wunderbar, hin und wieder mit anderen Christen innezuhalten und die allzu menschlichen Herausforderungen oder Entscheidungsschwierigkeiten gemeinsam zu besprechen und im Kreis darüber zu beten. Mal finde ich neue Impulse, mal Klarheit – und manchmal landen wir in einer kontroversen Debatte.

GOTTES WORT. Dieses Buch hieß vorher einfach »Bibel« für mich. Vielleicht eine spannende Geschichte mit historischen Makeln. Vielleicht mit einem göttlichen Kern. Jedenfalls war es ein dickes Buch, das je nach Übersetzung entweder anstrengend oder fast unmöglich zu lesen war. In diesem Buch aber habe ich Gottes Wort erkannt. Eingegeben von ihm. Seinem Willen entsprechend. Keine Zeitgeist-Literatur, kein dubioser Augenzeugenbericht. Gottes Wort. Nicht bis ins kleinste Detail für mich zu verstehen, aber auf gar keinen Fall eine zeitgenössische Blattsammlung. Auf Gottes Wort, das hatte ich immer und immer wieder erfahren, ist Verlass.

MISSIONIEREN war ein absolut unsympathisches Wort für mich. Damit verband ich die Eiferer, die mich zu etwas zwingen wollten. Im schlimmsten Fall mit Gewalt. Heute sehe ich es als christlichen Auftrag. Ich sprach einmal mit einem mir sehr lieben Menschen über den Glauben. Sie sagte: »Ist ja alles gut. Solange du nicht versuchst, mich zu missionieren.« Das machte mich traurig, weil ich nicht sagen konnte: »Okay, gebongt! Auch so steuerst du auf ein Happy End zu.« Nein, zur Erlösung braucht es den Glauben an Jesus Christus. Deshalb ist es die Aufgabe der Christen, diese Einladung auszusprechen und die Botschaft zu verbreiten. Das hat allerdings nichts mit dem Vorschlaghammer oder irgendeinem Zwang zu tun. Es geht nicht ums Überreden. Nicht »Okay, wir haben eine halbe Stunde. Am Ende hab ich dich rumgekriegt und du bist gläubig – oder eben nicht«. Oft geht es um kleine Schritte, um Impulse, ums Zuhören. Missionierung ist in meinen Augen eine Einladung – aber eine Einladung, die ausgesprochen werden muss, ohne sich dafür zu schämen oder um Verzeihung zu bitten. Denn eigentlich sage ich mit dieser Einladung einfach nur: »Du bist mir wichtig. Deshalb möchte ich nicht, dass du verloren gehst.«

Naiv und blauäugig

Hat der christliche Glaube an Gott einen naiven Gutmenschen aus mir gemacht? Oh, das wäre wundervoll! Leider weiß ich, dass ich weit davon entfernt und allein auf die Gnade Gottes angewiesen bin. Doch ein guter Mensch zu sein bis in die Bereiche der Blauäugigkeit hinein – das ist nichts, was bei mir heute auch nur annähernd als Beleidigung dienen könnte. Gut nach dem Willen Gottes.

Im Markus-Evangelium (10, 15) sagt Jesus den berühmten Satz: »Wer das Reich Gottes nicht wie ein Kind annimmt, wird nicht hineinkommen.« Naivität inbegriffen. Blindes Vertrauen. Das ist das, was ich in den Monaten vor und nach meiner Umkehr erlebt und gelernt habe.

Nichts lässt sich beweisen, wenig erklären – aber es ist erlebbar für mich und so absolut fühlbar und wahr, dass es für mich ein Geschenk ist, von diesem Wunder in aller Naivität berichten zu dürfen. Für mich gibt es keinen Zweifel mehr an der Gottes-Existenz. Was mit einem Fragen und Zaudern und Zweifeln begann, ist zu einer Gewissheit geworden, die Ruhe und Kraft schenkt.

So viele Male hat Gott inzwischen spürbar in mein Leben eingegriffen, dass es mir unbegreiflich erscheint, wie Menschen, die an diese Macht glauben, sie nicht in die Mitte ihres Lebens rücken. *Gott ist ein Ereignis, das nicht am Rande des Lebens passiert.*

Es hat sich so viel in mir und für mich verändert: Früher gab es für mich das ungeschriebene Gesetz: »Ich bin nie zufrieden!« Das klingt dynamisch, nach Ehrgeiz und Karriere! *Sei nie zufrieden. Denn wer zufrieden ist, wird träge und bleibt stehen.* Ich hatte diesen Satz sogar noch im Repertoire, als mein Herz längst weiter war. Irgendjemand fragte nach einem erfolgreichen Job-Projekt: »Na, sind alle zufrieden?« Ich: »Ich bin nie zufrieden!« Und in dieser Sekunde merkte ich: *So ein Quatsch! Ich bin ja total zufrieden. Mir geht es so ruhig, richtig und gut, wie noch nie zuvor in meinem Leben. Und zwar nicht in diesem speziellen Moment, sondern grundsätzlich.* (Auch Paulus schrieb übrigens an die Philipper [4, 11]: »Ich habe gelernt, mit jeder Lebenslage zufrieden zu sein« – und das in Lebensumständen, die sicherlich nicht so mühelos waren wie meine.) Doch gerade aus dieser Zufriedenheit heraus schwappte ich plötzlich über vor Energie.

Es gab Zeiten, da habe ich mich nach Schlaf gesehnt. Da gab es kaum etwas Angenehmeres für mich, als einen Samstagmorgen, an dem ich mich noch ein drittes oder viertes Mal in meinem Bett umdrehen konnte, ohne aufstehen zu müssen. Auch das ist mir inzwischen fremd geworden. Ich giere nach dem Tag, nach dem Leben, nach dem Wach-Sein, denn ich weiß, dass es so viele Möglichkeiten gibt, nach Gottes Wort zu handeln, Gutes zu tun, im Glauben voranzukommen.

Ich bin beseelt von einer frohen Grundstimmung, fühle mich rund um die Uhr geliebt und gehalten. Fast nie müde. Dazu gibt es zuviel, was ich machen, anfassen und verändern möchte. An mir selbst und in der Welt. Selbst wenn schwere Ereignisse anstehen, gehe ich froh in den Tag, denn ich weiß, dass ich nie alleine bin, und sogar in einem Fünf-Sekunden-Gebet fühle ich die göttliche Umarmung. *Gott-Vertrauen lässt die Angst schrumpfen.* Ich weiß, dass er mich hält und es zum Guten führt, selbst wenn in solchen Momenten gar nichts gut scheint.

Beileibe habe ich auch nach meiner Umkehr zu Gott nicht immer das Richtige getan, falsche Entscheidungen getroffen, nicht genau hingehört, die Fassung verloren. Aber ich kann mir sicher sein, dass Gott es dennoch zum Richtigen führen wird, solange ich in seinem Wort bleibe. Eine Bekannte wählte dazu den schönen Vergleich: »Gott ist wie ein Navi. Es gibt nicht den einen Weg und die eine Entscheidung. Und wenn du falsch abgebogen bist, sagt dir eine freundliche Stimme: ›Die Route wird neu berechnet.‹«

Glauben lernen

»Weißt du, eigentlich beneide ich Menschen wie dich«, sagte neulich eine Freundin, die mit dem Glauben an Gott aber so dermaßen überhaupt nichts am Hut hat.

Eine ihrer großen Stärken ist: Zwar kann sie mit Jesus Christus nichts anfangen, aber sie beansprucht auch nicht für sich selbst, damit Recht zu haben. Sie hat nie versucht, mich von ihrem Unglauben zu überzeugen.

So war es auch diesmal: Wir führten keine Diskussion, sondern ein freundschaftliches Gespräch. Sie sei eigentlich neidisch auf Menschen wie mich, erläuterte sie, »weil ihr so eine Zuversicht habt. Weil ihr wisst, was auf den Tod folgt und keine Angst mehr haben müsst.«

Da konnte ich nur zustimmen (zur Zuversicht, nicht zum Neid ...). Natürlich sprach ich meine Einladung aus: »Was hält dich davon ab, dich darauf einzulassen?« »Ich kann es mir einfach nicht vorstellen, dass es da einen Gott gibt.«

Aber warum nicht? Warum fällt es vielen Menschen in dieser Welt voller Wunder so schwer, Gott und Jesus Christus zuzulassen? Warum scheint es leichter zu sein, das Alleinsein zu akzeptieren, anstatt sich dafür zu öffnen, dass über uns Gott wacht, der uns liebt? Warum ist die Annahme weit verbreitet, dass echtes Leben und Glauben in einem ähnlichen Verhältnis zueinander stehen wie Eis und Feuer – unerträglich füreinander?

Okay, ich hatte vielleicht den Start-Vorteil gehabt, dass ich mit einem grundsätzlichen Glauben an einen Gott (in welcher Form auch immer) aufgewachsen war, dass er also stets ein Teil meines Lebens gewesen war. Trotzdem hatte ich ja so viele Jahre gar nichts begriffen. Für ein Leben als Christ war der Glaube an Jesus die Grundvoraussetzung.

Aber: Wie lernt man glauben, wenn man nicht glaubt?

Ich sinnierte nach unserem kurzen Plausch lange darüber nach. Ich habe keine schnelle Antwort gefunden. Dass sich eine solche Diskussion nicht auf einer Fakten-Ebene führen lässt, das hatte ich ja bereits trotz emsiger Bemühungen und Recherchen herausgefunden.

Also ging ich in Gedanken meinen eigenen Weg zurück und überlegte, warum mir der Glaube an den Vater, den Sohn und den Heiligen Geist so leicht gefallen war. Ja, ich hatte einige bahnbrechende Gottes-Erlebnisse gehabt. So unmittelbar, dass sie für mich Begegnungen waren. Doch das war alles erst passiert, nachdem ich den wahren Glauben – erst zögerlich, später immer rasanter und euphorischer – an mich herangelassen hatte.

So hohl es sich für mich selbst anhörte, kam ich zu dem Schluss: Ich hatte den Glauben ausprobiert. Angetestet. Geprüft, für gut befunden – und dann: volle Umarmung mit Körper, Herz und Geist!

Ausprobieren – das klingt nicht sehr spirituell. Aber in diesem Test-Modus hatte ich mich ganz zu Beginn auf den Weg gemacht. Ab welcher Stelle der Herr übernommen hatte, ob ich nur sachte geführt worden war oder ob jede Minute meiner Umkehr seit Jahrtausenden programmiert gewesen war: Das weiß ich nicht. Was ich aber weiß, ist, dass Gott uns den freien Willen gegeben hat. Und damit auch die Möglichkeit, ja oder nein zu ihm zu sagen. Meine Mitarbeit – mein Glauben-Zulassen – war also auf jeden Fall erforderlich gewesen.

Ich hatte eine Zehe in die kleine Pfütze meines Glaubens gehalten. Es hatte sich angenehm angefühlt und gut. Also war ich mit beiden Beinen bis zu den Knien in den Bach gestiegen, hatte mich nass gemacht, hatte Schwimm-Übungen in dem Fluss aus Liebe und Gewissheit unternommen. Dann war ich herausgeklettert, hatte Anlauf genommen und war mit einem großen Sprung vom Ufer in den See Gottes gesprungen. *Ja! Umgekehrt! Angekommen! Endlich da! Hier ist es richtig!* Die Uferböschung war zu steil, um jemals wieder herauszukommen. *Hier will ich bleiben. Hier darf ich bleiben. In Gott.*

Ich habe am Anfang geschrieben, dass ich keine Ratschläge erteilen möchte, weil ich es nicht kann. Weil nur Gott selbst die Wege kennt, auf die er die Menschen schickt und die zu ihm führen. Doch zumindest diesen Impuls möchte ich am Ende weitergeben, auch wenn ich versuche, ihn geschickt als Erfahrung zu tarnen: Den Glauben auszuprobieren, sich ihm zu öffnen, das Unglaubliche zuzulassen – das hat mich in die Arme Gottes geführt. Er will, »dass alle Menschen gerettet werden und dass sie die Wahrheit erkennen«. (1 Timotheus 2, 4)

Gott hat es mir leicht gemacht, ihn zu finden. Die Bibel, das Gebet und Ruhe waren alles, was ich als Starter-Set benötigt hatte. Die Ruhe, um auf Entdeckungsreise in Gottes Wort zu gehen, um wirklich bewusst zu beten, um in mich hinein und nach Antworten zu spüren. Diese Ruhe war auch das Erste, was ich von Gott zu hören bekam. Denn aus der Stille um mich herum wurde eine behagliche Entspannung in meinem Inneren. Ruhe breitete sich aus, wann immer ich Gottes Nähe suchte. So war unser erster Kontakt gewesen. Es war stets eine freudige, leuchtende Ruhe. Keine schläfrige. Im Gegenteil: eine wachsame, eine schöne Ruhe, nah dran an der Vorfreude. Gewissheit im Glauben. Dies hatte ich als Signal akzeptiert, dies hatte mir anfangs genügt, um überzeugt zu sein, dass dieser Weg nicht falsch sein konnte. Dieses Ausprobieren hatte mich auf die Reise zu Gott geschickt.

Gott hatte seine Einladung längst ausgesprochen. Aber es war meine Aufgabe, zuzusagen oder abzulehnen.

Er hatte ein Geschenk für mich. Doch es lag an mir, dieses Geschenk auszupacken.

Ich erfuhr: Gott ist Liebe. Aber Gott will auch Liebe. Und zwar nicht nur ein bisschen.

Nachwort

Als ich gefragt wurde, ob ich ein Buch über meine Umkehr zu Gott schreiben möchte, habe ich mit mir gekämpft und zu Gott darüber gebetet. Mir fielen viele Gründe ein, die dagegen sprachen. Es war mir ja durchaus bewusst, dass diese Anfrage etwas mit der einigermaßen verantwortlichen Position zu tun hatte, für die ich bei BILD arbeite. Ebenso logisch war mir, dass es wenig für mich zu gewinnen und viel zu verlieren gab – nach menschlichen Maßstäben.

Wenn ich auf diesen Seiten ehrlich und ohne Eitelkeiten aufschreiben wollte, wie ich auf den Weg zu Gott gefunden habe, dann müsste ich nicht nur von Peinlichkeiten aus der Vergangenheit berichten, sondern eben auch diese große, fast kindliche Blauäugigkeit schildern, mit der ich mich dem Glauben geöffnet habe, bis er zu einer sehr erwachsenen Gewissheit geworden ist. Vielleicht ziemt sich diese »Leichtgläubigkeit« nicht für einen stellvertretenden Chefredakteur, vielleicht würde mir das auf die Füße oder ich darüber fallen. Ich wusste es nicht und weiß es auf diesen letzten Seiten auch jetzt noch nicht.

Diese Unsicherheit tauchte immer mal wieder während des Schreibens auf. Wann immer mir mein Selbstschutz-Reflex signalisierte: »Hier wäre es vielleicht besser, ein wenig rationaler oder logischer oder abgeklärter zu klingen, damit dich nicht alle für ballaballa halten«, betete ich zu Gott, der mich verlässlich wieder zur Wahrheit lenkte.

Er war es, der mir die Möglichkeit gab, dies Buch zu schreiben, und er ließ mich wissen, dass es sein Wille ist. *Sie wissen schon: das innere Nicken, fast hörbar, sicher, richtig.* Warum? Ich weiß es nicht. Werde ich es nach der Veröffentlichung verstehen? Keine Ahnung. Das spielt keine Rolle. Ich habe vertrauen gelernt, loslassen gelernt.

Ob ich nun allein vor meinem Bett kniend ein Gebet spreche oder gemeinsam mit den Kindern die Hände falte für den Lieben Gott, morgens in der U-Bahn eine Andacht im Handy lese, im Newsroom von BILD über Schlagzeilen für die Webseiten diskutiere oder auch in einem Gespräch mit Kollegen die völlig falschen, verletzenden Worte wähle: Der Herr ist immer bei mir und führt mich auf dem Weg zur Wahrheit.

Vor einigen Wochen besuchte mich Ramsy bei BILD. Wir gingen in den 19. Stock, in den Journalistenclub. Von hier hat man eine herrliche Aussicht über Berlin, uralte Sessel, meist mit Leder bezogen, gruppieren sich um ebenso alte Tische. Wertvolle Gemälde hängen an den Wänden. Wenn ein Wort für diesen Club wie gemacht ist, dann wohl »gediegen«. Viele Male war ich hier mit Kollegen abgestürzt. Hinter der großen Theke wurde das Bier gezapft und oft war aus einer dienstlichen Smalltalk-Runde ein herrlich kollegiales Gelage geworden. Nun saß ich hier also an einem späten Nachmittag mit Ramsy in diesen urgemütlichen Sesseln. Er trank Wasser, ich eine Cola. Wir sprachen über den Glauben, er fragte nach, was sich in meinem Leben getan hätte. Ich sprudelte mal wieder über vor Begeisterung in meinen Schilderungen der Gotteserfahrungen, die ich kaum anders als *ein Wunder* beschreiben konnte.

Immer wieder kamen Kollegen herein, trafen sich zu kurzen Gesprächen oder Gäste zu einem Interview. Die meisten davon kannte ich, also nickten wir uns zu oder tauschten ein, zwei freundliche Sätze miteinander aus.

Kurz bevor Ramsy wieder gehen wollte, fragte er mich: »Wollen wir gemeinsam beten?« Ich – ganz Vollzeit-Christ – sagte beherzt: »Gern!« *Warum auch nicht? Gebete waren gut und hatten mir schon so oft die Augen und das Herz geöffnet.* Ramsys Kinn sank auf seine Brust, ich faltete die Hände – und er betete. Laut. Sehr laut. So kam es mir jedenfalls vor. Vermutlich war es eher Zimmerlautstärke. Aber um mich herum saßen ja diverse Kollegen, von denen ich viele ganz gut kannte. Sicher horchten sie nicht alle sofort auf. Doch mir kam es in dieser Sekunde so vor, als wären alle anderen Gespräche mit einem Mal verstummt und alle Köpfe drehten sich zu Ramsy und mir um, um zu sehen, was denn da Seltsames vor sich ginge. Ich hörte Ramsy mit einem Ohr zu: »Herr, danke, dass du Daniel auf deinen Weg geführt hast ...« *Jaja, aber doch bitte nicht so laut!* Ramsy sprach mit angenehmer Stimme immer weiter, während ich mich hektisch umblickte. Er hatte die Augen geschlossen, ich zwinkerte in alle erdenklichen Richtungen.

Fast wollte ich peinlich berührt grinsend mit den Schultern zucken und allen signalisieren: »Der ist eigentlich ganz nett – nur eben etwas komisch.« So fremd war es mir, am helllichten Tag in vertrautem Umfeld vor Kollegen ohne einen besonderen Anlass laut ein Gebet zu sprechen. Doch mit einem Mal spürte ich wieder diese unbeschreibliche Gottes-Kraft. Ich denke, ungefähr so muss sich meine Tochter Elsa fühlen, wenn ich sie mit meinen 1,86 Metern einfach hochreiße, in die Arme schließe und sie fast zerdrücken will mit all meiner Liebe für sie. Ich hoffe, sie fühlt sich dann auch so sehr geliebt und so fest gehalten, wie ich es in diesem Moment tat. *Ja, guter Gott! Ich will mich zu dir bekennen. Laut und öffentlich. Nicht nur allein für mich. Nicht nur dann, wenn es mir passt. Es ist nichts Peinliches daran, wie ein Kind an dich zu glauben. Es ist die Wahrheit.*

Viele der Menschen um mich herum im Journalistenclub waren vermutlich selbst Christen, zumindest auf dem Papier. Vielleicht war der Glaube gar nicht so exotisch, wie er mir lange Zeit vorgekommen war. Selbst in der Präambel unseres Grundgesetzes steht: »Im Bewusstsein seiner Verantwortung vor Gott und den Menschen ...« Nein, vielleicht war es ja nicht einmal merkwürdig, an einem normalen Arbeitstag im kollegialen Umfeld laut zu Gott zu beten. Viel merkwürdiger war es doch eigentlich, dass der Herr, zu dem sich Millionen Menschen bekennen, für Viele kaum noch eine Bedeutung hatte. Und ganz sicher war es falsch, den Schöpfer und Erlöser mit peinlich berührtem Schulterzucken zu verleugnen. *Herr, ich danke dir für deine Nähe!*

Mein Oberkörper entspannte sich, ich atmete lang aus – und als Ramsy die letzten Sätze gesprochen hatte, schloss ich mit kräftiger Stimme sein Gebet, so feierlich, dass es möglichst jeder hören konnte: AMEN! Und Gott umschloss mich mit Ruhe und Liebe.

Anhang: Die Gebote aus dem Neuen Testament – eine unvollständige Liste

Zu Prüfung und Leid:

- Sei wachsam und bete, damit du nicht in Versuchung gerätst! Der Geist ist willig, aber die menschliche Natur ist schwach.

- Nimm es dankbar an, wenn du schwere Zeiten und Prüfungen durchmachen musst. Durch die Prüfungen wirst du standhaft. Sie machen dich stärker und besser. Am Ende wirst du mit dem ewigen Leben belohnt. So wie alle, die Gott lieben.

- Auch wenn es schwere Zeiten gibt: Du hast allen Grund, dich zu freuen und zu jubeln! Nutze die schweren Zeiten als Gelegenheit, dich zu bewähren.

- Pass auf, dass dich niemand in die Irre führt!

- Pass auch auf dich selbst auf! In Bedrängnis steht Gott dir bei. Du musst viel Schweres durchmachen, ehe du in Gottes Reich kommst. Wer bis zum Schluss standhaft bleibt, wird gerettet.

- Wenn du zu leiden hast, weil du dich zu Gott bekennst, dann freu dich! Lass dich nicht einschüchtern!

- Wunder dich nicht über Leid und Not! Freu dich, dass du an dem Leiden von Jesus teilhaben kannst.

- Du wirst verspottet werden, weil die Erlösung noch nicht kommt. Aber bei Gott gilt eine andere Zeitrechnung. Setz einfach alles daran, ohne Tadel und Makel zu leben.

- Fürchte dich nicht einmal vor denen, die dich töten können. Denn mehr können sie nicht tun. Fürchte nur den, der dich in die Hölle werfen kann.

- Renn nicht jedem vermeintlichen Propheten hinterher. Es gibt zu viele Lügen in der Welt. Lass dich von der Liebe bestimmen. Gott ist Liebe. Wenn du Gott liebst, liebst du auch deine Geschwister.

- Auch wenn du jetzt weinst, preise dich glücklich. Denn du wirst lachen!

- Es kann passieren, dass du Schlimmes erdulden musst. Lass dich davon nicht entmutigen. Selbst wenn du getötet wirst, sei dir sicher: Du bekommst das ewige Leben. Also: Kehr um!

- Gerade in Gefangenschaft und im Sterben gilt für Christen: Trotzdem sollt ihr standhaft und treu sein!

- Wenn du Glauben hast, brauchst du keine Angst zu haben!

- Du brauchst dich nicht zu fürchten. Glaube nur!

- Freu dich, wenn du wegen deines Glaubens an Jesus gehasst und ausgestoßen wirst. Denn im Himmel wirst du belohnt werden.

- Werde nicht unruhig aus Sorge um Essen und Trinken. Gott, dein Vater, weiß, dass du das alles brauchst. Dir soll es um sein Reich gehen, dann wird dir das Übrige dazugegeben.

Vertrauen und loslassen:

- Wenn du nicht weißt, was du tun sollst, dann bitte Gott darum. Vertrau auf ihn, immer und zuverlässig. Dann wird er dir helfen.

- Wenn du in Versuchung gerätst, schieb es nicht auf Gott. Deine Begierde reizt dich und verursacht die Sünde. Am Ende steht der Tod.

- Sei geduldig – auch, wenn du leidest – und sei dir sicher, dass der Herr kommt, der alles zu einem guten Ende führt.

- Fürchte dich nicht, kleine Herde! Denn euer Vater hat beschlossen, euch sein Reich zu geben.

- Dir soll es zuerst um Gottes Reich und seine Gerechtigkeit gehen.

- Steh zu Jesus, dann wird er sich auch zu dir bekennen. Wenn du ihn aber verleugnest, wird er auch dich verleugnen.

- Bete, wenn es dir schlecht geht. Bitte andere, für dich zu beten. Hör auch im Kummer nicht auf, Gott zu loben. Bekenne dich zu deinen Sünden. Das Gebet hat Kraft. Der Herr wird helfen.

- Mach dir keine Sorgen um das, was du an Essen und Trinken zum Leben und an Kleidung brauchst. Mach dir keine Sorgen um den nächsten Tag.

- Ordne dich Gott unter! Widersteh dem Bösen, dann lässt es von dir ab. Such Gottes Nähe, dann ist er dir nah. Reinige dein Herz. Sieh ein, dass du ein trauriges Leben geführt hast, und verneig dich vor Gott.

- Fokussiere dich voll auf Jesus und auf die Hoffnung auf seine Gnade. Sei ein gehorsames Kind Gottes, frei von eigensüchtigen Wünschen. Führ ein durch und durch geheiligtes Leben.

- Bitte, und dir wird gegeben. Suche, und du wirst finden. Klopf an, und dir wird geöffnet. Jeder, der bittet, empfängt. Wer sucht, findet, und wer anklopft, dem wird geöffnet.

- Wirf alles weg, was dich zu Fall bringen kann!

Glaube und Tat:

- Wenn du dich für fromm hältst, aber weder so handelst noch redest, betrügst du dich selbst! Lass dich von dem schlechten Treiben nicht beschmutzen und hilf Bedürftigen in der Not.

- Es gibt nur ganz oder gar nicht.

- Hör auf die Worte Jesu und handle danach.

- Achte darauf, wie du mit dem Evangelium umgehst. Denn nichts wird geheim bleiben. Alles wird ans Licht kommen und öffentlich werden.

- Zeig durch deine Taten, dass es dir ernst mit der Umkehr ist.

- Du brauchst dich nicht zu fürchten! Verkünde das Evangelium, und lass dich durch nichts zum Schweigen bringen! Jesus selbst ist bei dir, und niemand, der dich angreift, kann dir etwas anhaben.

- Es kommt auf deine Taten an. Glauben allein reicht nicht. Er sollte Auswirkungen haben.

- Wenn du betest, vergiss nicht: Gott beurteilt dich nach dem, was du tust.

- Geh überall hin und verkünde das Evangelium! Wer glaubt und sich taufen lässt, wird gerettet werden. Wer nicht glaubt, wird verurteilt werden.

- Setz alles daran, durch die enge Tür einzutreten! Viele werden versuchen, dort einzutreten, und es wird ihnen nicht gelingen.

- Bring Früchte, die zeigen, dass es DIR mit der Umkehr ernst ist.

- Handle nach dem Wort Gottes! Wenn du Gottes Wort hörst und danach handelst, baust du dein Haus auf Stein. Wenn du aber das Wort hörst und es ignorierst, baust du dein Haus ohne Fundament. Beim ersten großen Sturm wird es zusammenfallen.

- Du bist glücklich zu preisen, wenn du Gottes Wort hörst und es befolgst.

- Halte dich bereit und sorge dafür, dass deine Lampe brennt! Sei wie ein Diener, dessen Herr auf einem Fest ist und der auf seine Rückkehr wartet, damit du ihm sofort aufmachen kannst, wenn er kommt und anklopft.

Eher geht ein Kamel durch ein Nadelöhr ..:

- Häufe keinen Reichtum an! Wenn du Geld hast: Behandle die, die weniger haben, fair. Schwelge nicht im Luxus.

- Wenn du arm bist: Halte dir vor Augen, welche Würde Gott dir gegeben hat. Wenn du reich bist: Halte dir vor Augen, wie wenig das am Ende wert ist.

- Klammer dich an nichts Weltliches. Das nimmt dir den Platz für die Liebe zu Gott. Gier, Selbstsucht, gierige Blicke, Prahlen mit Macht und Besitz – das alles hat nichts mit Gott zu tun.

- Gib dein Herz den Armen, gib deinen Besitz den Armen! Auf das Äußere kommt es nicht an. Wenn du innerlich rein bist, ist alles rein!

- Ja, du sollst etwas von deinem Besitz an die Armen abgeben. Aber deshalb darfst du nicht aufhören, den Forderungen von der Gerechtigkeit und der Liebe Gottes nachzukommen. Du sollst das eine tun, ohne das andere zu lassen.

- Verkauf deinen Besitz und gib das Geld den Armen. Schaff dir lieber einen Geldbeutel an, der nicht löchrig werden kann. Leg dir einen unerschöpflichen Reichtum im Himmel an, wo kein Dieb ihn findet und keine Motten ihn fressen. Denn wo dein Reichtum ist, da wird auch dein Herz sein.

- Sei nicht habgierig, denn dein Leben hängt nicht von deinem Wohlstand ab. Sei nicht auf deinen Gewinn aus. Was zählt, ist, dass du reich in Gott bist.

- Gib dem Kaiser, was dem Kaiser gehört! Und gib Gott, was Gott gehört!

- Wenn du zwei Hemden hast, gib eins dem, der keines hat. Und wenn du etwas zu essen hast, dann teil es mit dem, der nichts hat.

- Verlang nicht mehr von anderen Menschen, als es vorgeschrieben ist.

- Beraube und erpresse niemanden. Sei mit dem zufrieden, was du verdienst.

- Wenn du arm bist und hungerst: Preise dich glücklich, denn dir gehört das Reich Gottes und du wirst satt werden.

- Gib jedem, der dich bittet, und wenn dir jemand etwas nimmt, dann fordere es nicht zurück.

- Mach dir Freunde mit dem Mammon, an dem so viel Unrecht haftet. Damit du, wenn es keinen Mammon mehr gibt, bei Gott aufgenommen wirst.

- Sei in den kleinsten Dingen treu, dann bist du auch in den großen treu. Und wer in den kleinsten Dingen nicht treu ist, ist auch in den großen nicht treu. Wenn du mit dem unrechten Mammon nicht treu bist, wird dir auch nicht das wahre Gut anvertraut.

- Du kannst nicht für zwei Herren arbeiten. Du wirst dem einen ergeben sein und den anderen abweisen. Für den einen wirst du dich ganz einsetzen, und den anderen wirst du verachten. Du kannst nicht Gott dienen und zugleich dem Mammon.

- Geben ist seliger denn Nehmen.

- Sei nicht geldgierig – sondern zufrieden mit dem, was du hast!

Umgang mit Mitmenschen:

- Die soziale Stellung eines Menschen darf keinen Einfluss darauf haben, wie du mit ihm umgehst. Schwing dich nicht zum Richter über andere auf! Liebe deine Mitmenschen wie dich selbst.

- Behandle andere Menschen so, wie auch du behandelt werden willst!

- Lasst nichts eure Liebe zueinander beeinträchtigen!

- Sei gastfreundlich!

- Bete! Bring deinen Glaubensbrüdern Liebe entgegen! Sei gastfreundlich! Tu das, wofür Gott dir Gaben gegeben hat. Nutze die Stärke und Kraft, die Gott dir gegeben hat. Und ehre ihn damit.

- Versuch so zu leben wie Jesus. Wenn du deine Geschwister liebst, kann dich nichts erschüttern. Hass macht blind.

- Liebe auch deinen Feind!

- Pass auf deine Worte auf! Lebe vorbildlich, bescheiden und weise. Sei nicht eifersüchtig und selbstsüchtig. Sondern friedfertig, freundlich und bereit, dir etwas sagen zu lassen. Sei voller Erbarmen, bringe Gutes hervor, sei unparteiisch und nicht heuchlerisch.

- Gib deine selbstsüchtigen Wünsche auf. Leb ein vorbildliches Leben, auch wenn du dadurch Nachteile erfährst und als Übeltäter hingestellt wirst. Überzeug andere mit deinen guten Taten.

- Denk an die Gefangenen und Misshandelten und nimm an ihrem Schicksal Anteil.

- Steh allen Rede und Antwort, freundlich und mit Respekt! Vertrau einfach auf Jesus!

- Wenn dich jemand auf die rechte Backe schlägt, dann halt ihm auch die linke hin.

- Wenn dich jemand um etwas bittet, dann gib es ihm.

- Rede nicht schlecht über andere. Und prahl nicht mit deinen Taten oder Plänen.

- Hör auf, gierig zu sein und über Leichen zu gehen. Neidisch und eifersüchtig zu sein. Auch Gott wird dir nicht helfen, wenn du dich in selbstsüchtiger Absicht an ihn wendest.

- Hör immer zu. Aber denk nach, bevor du redest oder gar wütend wirst. Denn Wut gefällt Gott nicht. Also lass das alles hinter dir, hör auf die Botschaft und handle danach.

- Wenn du weißt, was gut und richtig ist, und es nicht tust – dann machst du dich schuldig.

- Halte die Ehe in Ehren und sei deinem Partner nicht untreu.

- Hör nicht auf, deine Mitmenschen aufrichtig zu lieben.

- Hör auf mit Bosheit und Betrug, Heuchelei, Neid, Verleumdung. Giere nach Gottes Wort!

- Sei voller Mitgefühl, liebe deine Glaubensgeschwister, sei barmherzig, zuvorkommend. Vergelte Böses nicht mit Bösem. Im Gegenteil: Segne! Achte auf deine Worte, tu Gutes, sei auf Frieden aus. Dann wendet sich Gott dir zu.

- Ordne dich den Älteren unter! Sei zuvorkommend und bescheiden. Bloß nicht hochmütig. Beug dich unter die starke Hand Gottes. Leg alle deine Sorgen bei ihm ab. Sei besonnen und wachsam. Das Böse lauert überall.

- Festige deinen Charakter, arbeite an deiner geistlichen Erkenntnis, sei selbstbeherrscht, standhaft und ehrfürchtig vor Gott. Liebe deine Glaubensgeschwister und ALLE Menschen. So lernst du Jesus kennen. Zeig durch dein Leben, dass du berufen bist.

- Mit dem Maß, mit dem du misst, wird dir auch dein Teil zugemessen werden.

- Wenn du der Erste sein willst, sollst du der Letzte von allen und der Diener von allen sein.

- Bringe niemanden vom Glauben an Jesus ab.

- Du sollst keinen Mord begehen, du sollst nicht die Ehe brechen, du sollst nicht stehlen, du sollst keine falschen Aussagen machen, du sollst niemanden um das Seine bringen, ehre deinen Vater und deine Mutter.

- Halte Frieden!

- Diene den anderen, wenn du groß werden willst! Auch Jesus ließ sich nicht dienen, sondern diente – mit seinem Leben für uns.

- Vergib den anderen, damit Gott auch dir vergeben kann.

- Liebe deine Feinde! Tue auch denen Gutes, die dich hassen, die dich verfluchen. Bete für sie. Wenn dich jemand auf die eine Wange schlägt, dann halte auch die andere hin. Und wenn dir jemand den Mantel nimmt, dann lass ihm auch dein Hemd!

- Leih aus, ohne etwas zurückzuerwarten. Sei barmherzig!

- Provoziert einander nicht!

- Richte und verurteile nichts und niemanden. Dann wirst auch du nicht gerichtet und verurteilt werden. Sprich frei, und du wirst freigesprochen werden. Gib, und es wird dir gegeben.

- Tue allen Menschen Gutes. Ganz besonders deinen Glaubensgeschwistern.

- Such nicht den Splitter im Auge deines Bruders. Zieh zuerst den Balken aus deinem eigenen Auge, damit du klar sehen kannst.

- Wenn du zu einem Festessen eingeladen bist, setz dich nicht oben an den Tisch. Vielleicht müsstest du dann deinen Platz räumen, wenn jemand kommt, der noch angesehener ist. Dann müsstest du dich beschämt nach ganz unten setzen. Nein, setz dich ganz nach unten. Dann kommt vielleicht der Gastgeber und sagt: »Nimm weiter oben Platz!« Damit wirst du vor allen geehrt. Denn jeder, der sich selbst erhöht, wird erniedrigt werden, und wer sich selbst erniedrigt, wird erhöht werden.

- Und wenn du Gäste einlädst, dann lade nicht nur deine Freunde, deine Brüder, sonstige Verwandte oder reiche Nachbarn ein. Sie würden dich wieder einladen, und das wäre dann deine ganze Belohnung. Nein, lade Arme, Behinderte, Gelähmte und Blinde ein, wenn du ein Essen gibst. Dann bist du glücklich zu preisen. Denn sie können es dir nicht vergelten. Dafür wird es dir bei der Auferstehung der Gerechten vergolten werden.

- Lebe nicht ausschweifend, übertreibe es nicht mit dem Alkohol, lass dich nicht von den alltäglichen Sorgen gefangen nehmen. Sonst stumpft dein Herz ab.

- Wenn du der Größte bist, stell dich auf eine Stufe mit dem Geringsten. Wenn du führst, sollst du dienen. So wie Jesus es getan hat.

- Wenn du ohne Sünde bist, werfe den ersten Stein!

Allgemeine Verhaltensregeln:

- Ordne dich für Gott allen Institutionen unter, die in der Welt Macht ausüben. Führe ein vorbildliches Leben, damit niemand dich verleumden kann.

- Fordere Gott nicht heraus!

- Bete Gott an und diene allein ihm!

- Bereichere dich nicht. Spiel dich nicht als Herr auf, sondern als Vorbild.

- Schwöre nicht!

- Lass dich nicht von falschen Ideen mitreißen. Sei von der Gnade bestimmt und lerne Jesus immer besser kennen.

- Nimm dir nicht das Böse zum Vorbild, sondern das Gute!

- Stell deine Frömmigkeit nicht zur Schau!

- Wenn du betest, dann sprich: Vater unser im Himmel, geheiligt werde dein Name! Dein Reich komme, dein Wille geschehe. Wie im Himmel, so auf Erden. Unser tägliches Brot gib uns heute und vergib uns unsere Schuld. Wie auch wir vergeben unseren Schuldigern. Und führe uns nicht in Versuchung, sondern erlöse uns von dem Bösen.

- Der Sabbat ist für den Menschen gemacht, nicht der Mensch für den Sabbat. Deshalb tue auch am Sonntag Gutes.

- Was Gott zusammengefügt hat, soll der Mensch nicht trennen. Wer sich scheiden lässt und jemand anders heiratet, begeht Ehebruch.

- Freu dich, dass dein Name im Himmel aufgeschrieben ist.

- Mach aus dem Haus Gottes kein Kaufhaus!

Die Umkehr zu Gott, Erlösung durch Jesus:

- Wenn du jemanden zurück zum Glauben bringst, werden ihm alle Sünden vergeben.

- Komm zu Gott! Lass ihn dich verändern!

- Sei ehrfürchtig und vergiss nie, dass du freigekauft worden bist durch das Blut von Jesus.

- Wenn du Jesus ablehnst, lehnst du Gott ab.

- Lass dich durch nichts von der Botschaft abbringen. Dann bleibst du verbunden. Denk daran: Der Heilige Geist ist in dir. Damit bist du ausgerüstet. Und du bleibst in Christus. Das ist das Entscheidende.

- Wenn du sündigst, lehnst du dich gegen Gott auf. Jesus ist erschienen, um die Sünden wegzunehmen. Wer in ihm bleibt, sündigt nicht. Wer sündigt, kennt Gott nicht. Habt euch lieb!! Und wundere dich nicht, wenn andere dich hassen. Hass kommt von der Welt und vom Teufel.

- Folge nicht deinen menschlichen Begierden, stell dich nicht mehr der Sünde zur Verfügung. Lass dich in keinem Bereich deines Lebens mehr zum Werkzeug des Unrechts machen.

- Liebe heißt: Du musst bereit sein, dein Leben für andere zu geben. So wie es Jesus getan hat. Liebe heißt, anderen zu helfen. Liebe heißt: liebevolle Taten, nicht nur reden. Das ist Gottes Gebot: Glaub an Jesus als Gottes Sohn und lieb deine Mitmenschen.

- Wenn dein Bruder sündigt, weise ihn zurecht. Und wenn er sein Unrecht einsieht, vergib ihm. Selbst wenn er sieben Mal am Tag gegen dich sündigt und sieben Mal wieder zu dir kommt und sagt: »Ich will es nicht mehr tun«, sollst du ihm vergeben.

- Steh auf und glaube! Vertrödle deine Zeit nicht, sei nicht schläfrig.

- Sei nicht gleichgültig, nicht lauwarm im Glauben!

- Ehre Gott, bete ihn an! Er wird Gericht halten.

- Bete nicht falsche Götter an!

- Kehr um und glaube die gute Botschaft! Denn das Himmelreich ist nahe.

- Lästere nie den Heiligen Geist! Diese Schuld kann dir nicht vergeben werden. Alles andere, jede Sünde, kann den Menschen vergeben werden.

- Um ein Jünger zu werden, musst du dich selbst verleugnen, dein Kreuz auf dich nehmen und Jesus nachfolgen. Du musst dein Leben verlieren, um es zu retten.

- Wenn du glaubst, ist alles möglich.

- Folge Jesus nach, dann wirst du nicht mehr im Dunkeln umherirren, sondern das Licht des Lebens haben!

- Was auch immer dich im Glauben zu Fall bringt: Wirf es ab, schüttel es ab, befreie dich davon.

- Nimm Gottes Reich an wie ein Kind – ansonsten wirst du nicht hineinkommen.

- Glaube an Gott! Dann kannst du Berge versetzen.

- Steh zu Gott und seinem Wort. Ansonsten wird auch Gott nicht zu dir stehen.

- Folge Jesus nach! Lass die Toten ihre Toten begraben. Du aber geh und verkünde die Botschaft vom Reich Gottes! Wer zurückschaut, den braucht das Reich Gottes nicht.

- Geh und verkünde das Wort. Du wirst wie ein Schaf mitten unter Wölfe geschickt.

- Du bist mein Freund, also tu, was ich dir gebiete. Die größte Liebe ist es, für seinen Freund das Leben zu geben.

- Wenn du zu Jesus kommen willst, musst du alles andere zurückstellen. Vater und Mutter, Frau und Kinder, Brüder und Schwestern, ja sogar dein eigenes Leben. Sonst kannst du nicht sein Jünger sein. Wenn du nicht dein Kreuz trägst und ihm auf seinem Weg folgst, dann kannst du nicht sein Jünger sein. Wenn du aber das alles zurückstellst, dann bekommst du jetzt, in dieser Zeit, alles vielfach wieder und in der kommenden Welt das ewige Leben.

- Du musst von Neuem geboren werden! Denn natürliches Leben bringt natürliches Leben hervor. Geistliches Leben aber wird aus dem Geist geboren.

- Höre auf Jesu Wort und glaube an Gott. Dann hast du das ewige Leben. Auf dich kommt keine Verurteilung zu. Dann hast du den Schritt vom Tod ins Leben getan.

- Sündige nicht mehr!

- Ehre den Sohn! Wer den Sohn nicht ehrt, ehrt auch nicht den Vater, der ihn gesandt hat.

- Geh deinen Weg im Licht! Wenn du in der Finsternis unterwegs bist, weißt du nicht, wohin dein Weg führt. Glaube an das Licht!

- Kehr um und lass dich auf den Namen von Jesus Christus taufen! Dann wird Gott dir deine Sünden vergeben und du wirst seine Gabe, den Heiligen Geist, bekommen. Diese Zusage gilt für immer, für alle Menschen, überall.

- Kehr jetzt um, damit Gott deine Schuld auslöscht, die du auf dich geladen hast. Dann wird die ersehnte Zeit der Ruhe anbrechen.

- Lass dich durch nichts im Glauben erschüttern und durch nichts entmutigen.

- Jesus ist der Weg, die Wahrheit und das Leben. Zum Vater kommst du nur durch ihn.

- Bleib in Jesus – und er wird in dir bleiben. Du kannst bitten, worum du willst: Deine Bitte wird erfüllt werden.

- Wende dich dem lebendigen Gott zu, dem Gott, der den Himmel, die Erde und das Meer geschaffen hat, das ganze Universum mit allem, was darin ist!

Eigene Freiheit und Gottes Gesetz:

- Wenn du dich in das Gesetz der Freiheit vertiefst und es in die Tat umsetzt, bist du bei allem gesegnet, was du tust.

- Du kannst dir selbst klarmachen, was vor Gott richtig ist!

- Du bist frei. Aber nutze diese Freiheit nicht, um Böses zu tun. Sondern nutze sie, um Gott zu dienen. Achte alle Menschen, hab Ehrfurcht vor Gott und achte die Mächtigen.

- Nichts, was von außen kommt, kann dich unrein machen in Gottes Augen. Unrein macht vielmehr das, was aus dir selber kommt, was von innen kommt: Unzucht, Diebstahl, Mord, Ehebruch, Habgier, Bosheit, Hinterlist, Zügellosigkeit, Missgunst, Verleumdung, Überheblichkeit und Unvernunft.

- Iss kein Fleisch, das den Götzen geopfert wurde, trink kein Blut und iss kein ausgeblutetes Fleisch. Halte dich fern von jeder Unmoral. Wenn du dich davor in Acht nimmst, verhältst du dich richtig. Darüber hinaus wird dir keine weitere Last auferlegt.

- Wenn du in Jesu Wort bleibst, dann bist du wirklich sein Jünger und du wirst die Wahrheit erkennen. Und die Wahrheit wird dich frei machen ...

- Durch Mose wurde dir das Gesetz gegeben, aber durch Jesus sind die Gnade und die Wahrheit zu dir gekommen.

Der Schutzengel – gemalt von Tochter Elsa (3)

Danksagung: Gott sei Dank!

»Ich glaube an Gott«, sagte mir neulich eine Freundin. »Aber irgendwie sitze ich mit meinem Glauben an einer Haltestelle und komme nicht weg. Ich warte auf irgendetwas, das mich abholt, damit mein Leben mit Gott endlich anfängt.«

Ich danke jedem von Herzen, der bis zu dieser Seite gelesen hat, weil es bedeutet, dass sie oder er nun meine Geschichte von der Haltestelle bis zur Abfahrt kennt und weiß, wie gut es auf der Glaubensreise werden kann. Wie schön wäre es, wenn es nur einem dadurch gelänge, sich von seiner Haltestelle auf den Weg zu machen.

Michael Neher und Thomas Schmitz vom Gütersloher Verlagshaus haben mir die Chance gegeben, dieses Buch zu schreiben, und mich, den blutigen Anfänger, nach Kräften dabei unterstützt. Dafür gehört ihnen meine tiefe Dankbarkeit.

Marie und Ramsy danke ich nicht allein wegen der Impulse und Antworten, mit denen sie mir bei meinen ersten Schritten geholfen haben, sondern auch für die geduldige und wertvolle Unterstützung beim Aufschreiben meiner Erinnerungen.

Ebenso danke ich Jenifer und Svenni für die hilfreiche Kritik; meinen Eltern und Christoph für ihre Begleitung und Unterstützung (und für so Vieles mehr im Leben), den Wanderfreunden Kröckelbach dafür, dass sie nie jemanden allein lassen.

Julian, Mandy, Martin, Romy: Lieber Chef, liebe Kollegen, danke für das »Mach es einfach!«, die Ratschläge und die neuen Gedanken.

Meiner innig geliebten Sophie und meiner wundervollen Familie danke ich, dass ihr bei mir seid. Und für euch alle und für alles danke ich Gott.

»Kirche goes Bierzelt!
Witzig, verspielt, anrührend.«
BILD

»Auftreten statt austreten« lautet der Appell von Rainer Maria
Schießler. In einer Zeit, in der so viele Menschen wie nie die
katholische Kirche verlassen, gelingt es dem bundesweit bekannten
Münchner Stadtpfarrer, dass seine Gemeinde wächst und sich
für den Gottesdienst begeistert. Sein Rezept heißt Klartext. Oft
werden seine Predigten zu Ökumene und Zölibat beklatscht.
Er pflegt eben einen ganz eigenen Stil: Im Frühjahr segnet der
leidenschaftliche Motorradfahrer in der Gemeinde die Maschi-
nen der Väter und die Bobbycars der Kleinsten, an Heiligabend
lässt er einen DJ auflegen und schenkt Sekt aus – schließlich
wird der Geburtstag Jesu gefeiert. Will die Kirche sprach-
fähig und glaubwürdig sein, dann braucht sie Temperamente
wie Rainer Maria Schießler. Sein Buch benennt die heiklen
Themen innerhalb der katholischen Kirche, die seiner Meinung
nach zu einem Glaubwürdigkeitsverlust geführt haben.